D1718150

EasyKungFu

All is Mind

To-Dai Marc Amborn

In Zusammenarbeit mit

GM Si-Jo Klaus Haas

All is Mind

All is Mind

Vorwort

Seit Band Eins **DIE Selbstverteidigung – Spiel auf Sieg** ist einige Zeit vergangen. Zeit, die wir genutzt haben, noch mehr unserer Erkenntnisse auf den folgenden Seiten zusammenzufassen. Du wirst viele Einblicke in persönliche Erlebnisse von Si-Jo Klaus und auch mir erhalten.

Dieses Werk ermöglicht dir einen fliegenden Start im Verständnis unserer Lehre zum Wing Chun Tao Chi. Es wird dir sogar wichtige Denkanstöße liefern, wenn du bisher nicht an „Kampfkunst" interessiert warst.

Du wirst verschiedene Hinweise entdecken können, wie Beispiele und Zitate aus Liedtexten. Wir raten dir deshalb: Nimm dir Zeit fürs Lesen. Damit sich die volle Wirkung dieses Buches entfaltet, lies unsere Aufzeichnungen nicht unter Druck.

Es gibt außerdem einige „versteckte" Botschaften, die maßgeblichen Einfluss auf dein Verständnis haben können.

Lies deshalb genau und achte auf Details.

Falls sich einige Erklärungen zuerst unvollständig anfühlen, habe Geduld und verfolge die Ausführungen.

Du wirst mit jedem Lesen mehr entdecken.

Wir wünschen dir viel Spaß selbst zu erkunden und das Gelesene in der Praxis zu überprüfen.

Prolog - Das Leben wird leicht

Bereits in **„DIE Selbstverteidigung - Spiel auf Sieg"** habe ich einige Erlebnisse aus meiner Zeit in Thailand geschildert. Diese Erfahrungen gehen allerdings noch viel weiter.

Was die Art und die Intensität des Trainings anging, war der Aufenthalt bei Si-Jo Klaus Haas auf einem völlig anderen Niveau, als ich es bisher kannte.

Das reine Wing Chun Training beschränkte sich auf einige Stunden am Tag. Dazu erhielt ich allerdings noch eine Vielzahl von Lehrstunden, die das Leben selbst betreffen.

Sowohl vor als auch nach dem Wing Chun Training haben wir uns lange und intensiv über die verschiedensten Themen ausgetauscht.

Mein ursprüngliches Ziel für den Aufenthalt war es, eine „Persönlichkeitsentwicklung" zu vollziehen. Als ich das am ersten Abend in Thailand Si-Jo Klaus eröffnete, musste er direkt lachen. „Wie soll **ich** denn bitte **deine** Persönlichkeit entwickeln oder ändern?".

Natürlich war ich sofort niedergeschlagen angesichts dieser enttäuschenden Antwort. Wie wichtig allerdings diese Worte noch werden sollten, konnte ich zu diesem Zeitpunkt nicht ahnen.

Es waren nicht nur die Gespräche allein, die wir hatten. Ich merkte schon einige Tage nach meiner Ankunft, dass irgendetwas anders ist. Wir verbrachten immer öfter ganze Tage miteinander, trafen Freunde, schauten uns Tempel und andere Sehenswürdigkeiten an und machten natürlich auch die ein oder andere Party.

Die viele Zeit zusammen ergab dann schnell einen sehr freundschaftlichen Umgang. Wir unterhielten uns völlig offen und frei von jedem Vorurteil über Themen wie Kampfkunst, Chi, Philosophie, Geschichte, Politik, Beziehungen, Liebe und noch vieles mehr.

Im Anschluss an diese Reise kann ich nun mit Sicherheit sagen, es war die Zeit um das „reguläre" Training herum, die mir auf mentaler Ebene noch so viel mehr gegeben hat, als ich zuerst angenommen hatte.

Wir werden später in einige Themen tiefer einsteigen. Für den Moment möchte ich dir noch erzählen, wie sich mein Leben zurück in Deutschland dann gestaltet hat.

Schon auf dem Weg zum Flughafen gingen mir wieder all die Dinge durch den Kopf, die ich in diesen vergangenen sechs Wochen erlebt hatte. Nur die schiere Menge an bewegenden Ereignissen hätte anderswo wahrscheinlich ein ganzes Jahr gebraucht um zu passieren.

Eins war klar, ich hatte jetzt eine völlig andere Einstellung zum Leben und zu allem, was da kommen mag.

Zurück in Deutschland dann die ersten Dämpfer. Ein neuartiges Virus soll sich ausbreiten und unglaublich tödlich sein. Die durch die Regierungen verhängten Maßnahmen hatten dann stark negative Auswirkungen auf den Arbeitsmarkt und die Wirtschaft an sich. Dieser Umstand war für mich praktisch der schlimmste Fall, der hätte eintreten können.

Erst kurz vor meinem Besuch Thailands hatte ich mein Diplom erhalten und wollte nach meiner Rückkehr in einen passenden Job einsteigen.

Besagte Situation hatte zur Folge, dass zunächst natürlich niemand einen „Neuling" der gerade „frisch von der Uni" kommt und „ja noch keine Ahnung" hat, einstellen wollte.

So zogen sich also die Monate ohne Einkommen, aber mit den bleibenden Ausgaben für Wohnung und Versorgung hin. Die Aussichten waren nicht wirklich vielversprechend und der größte Teil meines persönlichen Umfeldes begann sogleich mich mit Floskeln zu bombardieren, wie z.B.:

- dann nimm doch erstmal einen schlechter bezahlten Job, das ist ja besser als gar nichts.

- Du musst mal kleine Brötchen backen, du fängst ja gerade erst an

- Was, wenn du nichts findest?
- Wie willst du das alles bezahlen?

Und noch einigen mehr.

Zu den Auswirkungen solcher Aussagen kommen wir noch.

Allen „Warnungen" zum Trotz habe ich in diesen Monaten meinen neu entdeckten mentalen Leitfaden verfolgt. Das Ergebnis war mehr als nur erstaunlich.

Nach wenigen Bewerbungen erhielt ich eine Zusage für eine Expertenposition in einem kleinen mittelständischen Unternehmen. Das Gehalt lag dabei genau bei der Grenze, die ich mir selbst festgesetzt hatte.

Das heißt also, ich habe praktisch ohne größere Anstrengung, genau im richtigen Moment, die richtige Stelle gefunden und besetzt.

Kann das Zufall sein?

Auf diese Frage werden wir wahrscheinlich noch einige Male stoßen und wir werden sie auch beantworten.

Zu meiner Situation könnte man durchaus sagen, sie hat sich ohne größeres Zutun (außer meiner Bewerbung) zum Besseren gewendet. Nach dieser Erfahrung stellte ich fest, dass es meine geistige Einstellung war, die mir den Weg eröffnet hat.

Mit dem Wissen und dem Verständnis für die tiefgreifenden mentalen Aspekte, die uns in diesem Werk begegnen, wird das Leben am Ende einfach. Es bleibt nicht ein ewiger Kampf.

Ähnlich gilt es für das Wing Chun: ab einem gewissen Punkt wird es zum EasyKungFu.

Lass uns diesen Punkt nun gemeinsam ergründen.

1 *Innerer Friede*

Jeder kennt ihn namentlich. Die wenigsten wissen, wie er sich anfühlt. Ebenso wenige haben ihn.

Der so genannte innere Friede.

Kennst du nicht auch den „inneren Frieden" aus Filmen oder Geschichten aus längst vergangener Zeit? Wenn überhaupt können ja nur wenige Philosophen oder ganz bestimmte Mönche dieses Ziel erreichen.

Wie viele haben sich aber eigentlich mal gefragt, was dieser innere Friede überhaupt ist?

Ganz klar, das ist ein Zustand, den ich durch viel meditieren und besondere Geistesübungen erreiche. Genau so, wie ich es von Mönchen kenne, oder so, wie es die vielen Gurus sagen. Sie müssen ganz bestimmt recht haben, denn sie beschäftigen sich schon ihr ganzes Leben damit.

Was, wenn ich dir jetzt sage, dass die allermeisten dieser besagten Gurus und Trainer, ja sogar Mönche nicht zwangsläufig wissen, was sie da genau tun?

Ja, du liest richtig.

Viele verfolgen akribisch „ihren Weg", um zur Erleuchtung oder zum inneren Frieden zu kommen.

Das geschieht dann in den verschiedensten Formen.

Für den Moment aber nur so viel: innerer Friede ist keine Fantasie. Dieser Zustand oder besser gesagt diese Lebensweise kann nicht erreicht werden. Sie muss gelebt werden.

Das heißt, jede Art von „Hilfe" durch außen wird dich mehr von diesem Frieden entfernen als dich ihm näherzubringen. Gemeint sind hier sämtliche Ratgeber, Coaches, Gurus, Trainer und wie sie alle heißen. Deine Suche ist Ihr Geschäft. Allein deswegen sind die „Erfolgsaussichten", wenn wir es für den Anfang so nennen wollen, eher gering.

Bevor wir uns mit dem Endzustand, also dem inneren Frieden befassen, sollten wir einen Blick auf den Anfang werfen: Ohne grundsätzliche Erkenntnisse rückt Friede oder auch Zufriedenheit in weite Ferne.

Eine solche fundamentale Erkenntnis bezieht sich auf das so genannte Loslassen. Gemeint sind damit nicht etwa das Loslassen von Dingen oder das sich Lösen nach einer Umarmung.

Es gibt viele Sachen, die uns tagtäglich mental stark belasten. Die Gründe dafür sind vielseitig und verschieden.

Genau diese Dinge sind gemeint, wenn wir sagen, wir wollen loslassen.

Natürlich weiß jeder, der so etwas schonmal versucht hat, dass das alles „nicht so einfach" ist.

Was also tun?

2 Loslassen, aber wie?

Stress, Unzufriedenheit, Einsamkeit, Leistungsdruck... alle möglichen Arten von Belastungen drängen sich uns jeden Tag aufs Neue auf. Wer sich diesem Berg an Hürden gegenüber sieht, kann leicht verzweifeln. Bei genauerer Betrachtung besteht aber eigentlich kein Grund dazu.

Egal wie schlimm sich eine Situation darstellt oder eine Last auf uns einwirkt, so gibt es doch immer einen Ausweg.

Blickt man später zurück, wird man nicht selten feststellen, dass dieser Ausweg auch noch relativ einfach umzusetzen war.

Beispielsweise lassen sich viele sogenannte Probleme tatsächlich durch simples Loslassen aus dem eigenen Leben entfernen.

Wie soll das nun aber gehen?

Freilich existieren zahlreiche praktische Übungen, die so verkauft werden, als ob sie die einzigen und wichtigsten Mittel sind um Dinge loszulassen. Davon haben einige sogar einen positiven Einfluss auf die Thematik. Sie sind einfach nur falsch deklariert.

Diese praktischen Übungen dienen eher dem Ausbau eines Selbstverständnisses, einer Entdeckung des eigenen Körpers und der Psyche. Sie sind allerdings kein Mittel zum Zweck.

Das tatsächliche Loslassen geschieht auf einer anderen Ebene.

Um die Funktionsweise in ihrer Ganzheit zu verstehen, müssen wir betrachten was eigentlich „losgelassen" werden soll, oder besser gesagt, an was wir uns oft fest-halten.

Vor der Betrachtung der Details steht aber noch das Verständnis zum Mechanismus selbst, der allem zu Grunde liegt.

Es ist ein Grundsatz bzw. Grundprinzip der sieben hermetischen Gesetze: das Prinzip von Ursache und Wirkung.

Jede Wirkung, also alles was geschieht, hat seine Ursache.

Wird die Ursache tiefgründig und mit all seinen Konsequenzen erkannt, kann sie verschwinden.

Auf den nächsten Seiten werden wir versuchen Ursachen zu finden, die uns fest-halten lassen.

2.1 Gedanken

Sie umgeben uns, sie schwirren durch den Kopf, sie werden zu Ideen, zu Worten, zu Taten. Sie sind unsere „innere Stimme" und sie sind meist die Grundlage unseren Tuns: Gedanken.

Sie sind ein wichtiges Element, wenn wir uns mit dem Loslassen befassen wollen.

Wie ist es möglich, dass unsere Gedanken einen derart großen Einfluss auf uns haben?

Kann man sie kontrollieren? Nutzen? Ändern?

Schauen wir uns zuerst an, was Gedanken überhaupt sind oder besser: woher sie kommen.

Was steht vor einem Gedanken?

Bevor wir uns zu etwas **Gedanken machen** können, muss dieses Etwas überhaupt erst passieren. Einfach gesagt heißt das also: es braucht ein Ereignis.

Betrachten wir uns als Beispiel ein Kind, dass eine Regel der Eltern übergangen hat und nun eine Standpauke bekommt. Ereignis ist in dem Fall also das „Ärger-bekommen".

Das Kind registriert dieses Geschehen und das Gehirn speichert es im Kopf ab.

Dahinter steht ein sehr einfaches Prinzip: „Tu das und es gibt Ärger." bzw. „Tu das nicht und es gibt keinen Ärger.".

So weit so gut. Also wird beim nächsten Mal der Regelverstoß wahrscheinlich nicht mehr auftreten, weil sich das Kind an die Konsequenzen erinnern kann.

Erinnern heißt im praktischen Sinn nichts anderes als ein bereits vergangenes Ereignis nochmal (innerlich) zu durchleben.

Wer jetzt an seine eigene Kindheit **zurück-gedacht** hat, wird diesen Umstand wahrscheinlich nachvollziehen können.

Noch deutlicher wird es, wenn wir das Beispiel konkreter machen. Nehmen wir an, das Kind bekommt den Ärger wegen einer schlechten Note in der Schule.

Der Grundsatz, den das Gehirn abspeichert, wird sein:

Schlechte Note = Ärger. Und als logische Folge:

gute Note = Lob.

Von diesem Moment an wird das Kind automatisch jede erhaltene Note anhand dieses Maßstabes messen. Es wird immer wieder darüber **nach-denken**.

Das heißt also, es wird jede Note mit diesem Grundsatz vergleichen und beurteilen, ob die Note nun gut oder schlecht ist.

Zusammengefasst heißt das ganz einfach ausgedrückt:

1. Das Ereignis passiert
2. Das Ereignis ist beendet & wird abgespeichert

3. Die Gedanken formen einen Grundsatz und errichten damit einen Maßstab.

4. Ähnliche Situationen (neue Noten) werden mit dem neuen Maßstab verglichen.

5. Es erfolgt eine Beurteilung nach diesem (eigenen) Maßstab.

Dieses Phänomen wird dann Lernen genannt.

Man hat gelernt, dass schlechte Noten Ärger bringen.

Aber stimmt das wirklich?

Unser Beispiel hat bisher nur das Kind berücksichtigt. Was ist aber mit den Eltern? Wäre es möglich, dass der Ärger über die schlechte Note nur resultierte, weil sie gerade selbst gestresst waren und einen schlechten Tag hatten? Trotzdem prägt sich dem Kind der neue Grundsatz ein.

Sogar mehr noch, er führt zu etwas, was dem Kind noch lange zu schaffen machen wird.

Gemeint ist die Angst vor den Konsequenzen.

In unserem Beispiel ist das die konkrete Angst vor dem Ärger der bevorsteht, wenn eine schlechte Note mit nach Hause gebracht wird.

Wir werden noch genauer sehen, was Angst mit uns macht, wo sie herkommt und wie sie wirkt.

Das Kind steht nun also durch die Angst eine schlechte Note zu bekommen bereits unter Stress, noch bevor ein Test in der Schule ansteht.

Kommt der Test dann, steigert sich der Stress noch mehr. Schließlich erhält das Kind tatsächlich eine „schlechte" Note und bringt das Ergebnis mit nach Hause. Es erwartet denselben Ärger, den es bereits zuvor erlebt hat.

Das letzte Erlebnis wurde als genaue Bildfolge im Kopf gespeichert. Wie eine Art Kurzfilm spielt sich vor dem geistigen Auge bereits ab was wahrscheinlich passieren wird.

Plötzlich heißt es: „Ist doch nicht weiter schlimm, das ist sowieso nur ein Fach, was nicht weiter wichtig ist."

Was ist denn jetzt passiert? Kein Ärger? Keine Standpauke?

Das befürchtete Ergebnis hat sich gar nicht ereignet.

Jetzt war nicht nur die Angst davor umsonst, sondern offensichtlich ist auch das gespeicherte Bild falsch.

Da bleibt nur eine Anpassung mit dem neu Gelernten: In diesem Fach gibt es keinen Ärger für schlechte Noten, also muss ich mich hier nicht sonderlich anstrengen und brauche nichts zu befürchten. Die anderen Fächer sind wichtiger.

An dieser Stelle setzt bereits eine Beeinflussung ein, die in der modernen Welt gerne als Erziehung bezeichnet wird. Das Kind im Beispiel wird nicht nur das Ereignis bezüglich des Ärgers an-passen, es wird auch die Ansicht der Eltern abspeichern, dass dieses Fach nicht so wichtig ist.

Wer aber bestimmt, was wichtig und unwichtig ist?

Die Eltern, die ihrerseits nach vorgegebenen Maßstäben erzo-gen worden sind? Das Kind selbst? Stellt man sich diese Fra-gen, kommt man schnell zu einem Ergebnis: es bleiben nur wir selbst übrig. Wir legen uns selbst den Maßstab für wichtig und unwichtig. Jedoch ohne zu wissen, ob wir damit wirklich richtig liegen.

Was zeigt uns das Beispiel noch?

Ein vergangenes und beendetes Ereignis führt dazu, dass man sich um die Zukunft **Gedanken macht.** Es werden Maßstäbe und Grundsätze kreiert, die aus der Vergangenheit entstam-men.

Trifft dann das Erwartete nicht ein, wird das Ereignis oder bes-ser: das gespeicherte Bild angepasst um auch die Maßstäbe und Grundsätze anzupassen und zu erweitern.

Noch einfacher gesagt heißt das also: auf Grundlage der Ver-gangenheit fantasieren wir uns eine Zukunft zusammen, die noch gar nicht existiert.

Das bedeutet dann, dass man damit permanent in der Vergan-genheit lebt.

Was das heißt und welchen Einfluss diese Tatsache auf unser Leben hat wird noch deutlicher, wenn wir uns selbst betrachten: unser sogenanntes ICH.

2.2   Ich & Mich

Im ersten Band sind wir auf einige Grundlagen zum Thema Ego eingegangen.

Diese Betrachtungen wollen wir nun fortsetzen, denn auch das ICH müssen wir verstehen, bevor wir uns mit dem Loslassen beschäftigen können.

Wie eben im Beispiel bereits angedeutet, werden auch Maßstäbe und Grundsätze von den Eltern durch das Kind übernommen und selbst angewendet. Das gilt allerdings nicht nur für Eltern und Kinder.

Tag für Tag nehmen wir Unmengen an Informationen und Eindrücken wahr.

Dabei beeinflussen uns viel mehr Dinge, als wir uns vielleicht selbst ausmalen können (oder wollen?).

Der Einfluss sieht so aus, dass abgespeicherte Bilder immer wieder angepasst und ergänzt werden.

Wir denken also praktisch in Bildern.

Genau das ist auch der Punkt.

Durch unsere Gedanken malen wir uns Bilder, die wir dann abspeichern und immer wieder miteinander vergleichen, uns an sie erinnern oder sie in unserer Fantasie weiterentwickeln.

Was hat das nun alles mit dem Ego, dem ICH, zu tun?

Zum Ego gibt es eine Vielzahl an Theorien. Darunter auch die, dass das Ego ein fester Bestandteil unserer Existenz ist. Es soll schon seit der Entstehung des Menschen in uns verankert sein.

Was aber, wenn man diese „Selbstverständlichkeit" nicht als selbstverständlich ansieht? Wäre es auch möglich, dass sich das Ego im Menschen erst entwickelt bzw. **bildet**?

Beginnend mit der Geburt erhalten wir einige Eigenschaften, die wir nicht ändern können und einige die sich ändern lassen.

Beispielsweise bestimmt der Ort, an dem wir geboren werden unser Herkunftsland, unsere Staatsbürgerschaft. Durch unsere Eltern sind Dinge gegeben, wie zum Beispiel Hautfarbe, Körpergröße, Haarfarbe oder kurz gesagt einfach Gene, die das Aussehen bestimmen.

Ab der Geburt erhalten wir dann allerlei Informationen zu „unserer" Kultur, den Bräuchen, den Traditionen, dem Verständnis vom Leben und auch ein Wertesystem.

Zwischen Asien, Europa und Amerika gibt es schon große Unterschiede. Einzelne Länder innerhalb der Kontinente vertiefen die Vielfältigkeit noch mehr.

Gemeint sind hier aber vor allem die unterschiedlichen Kulturen und Erziehungssysteme.

An dieser Stelle müssen wir bereits ein bisschen Vorgreifen, was Beeinflussung angeht, denn was ist es, dass Kinder in erster Linie tun? Sie orientieren sich an ihren Eltern oder Bezugspersonen.

Orientieren heißt in diesem Fall eher Kopieren. Das bedeutet zu Beginn unseres Lebens behelfen wir uns durch schlichtes Kopieren unserer Bezugspersonen.

Das betrifft dann Verhalten, Sprache, Mimik, Gestik und noch einige Sachen mehr auf die wir später zu sprechen kommen.

Wir kopieren also das Bild bzw. die Bilder, die wir jeden Tag sehen.

Hart ausgedrückt heißt es damit, dass wir zunächst Kopien unserer Eltern oder Bezugspersonen werden.

Dementsprechend muss es also auch in dieser Phase zum Entstehen des Egos kommen.

Zum Verständnis des Mechanismus fassen wir kurz einige Beispiele an Faktoren zusammen, die ein Ego **bilden** oder besser gesagt, welche es beinhaltet:

- Nationalität
- Name
- Aussehen
- Soziale Zuordnung
- Politische Einstellung
- Konstitution
- Glaube (Religion)

Die genannten Beispiele sind auch die Dinge, die zunächst direkt oder indirekt von den Eltern oder Bezugspersonen übernommen werden.

Es sind bei weitem noch nicht alle Inhalte eines „Ichs". Es gibt unendlich viele Facetten, in denen das eigene Bild ausgeschmückt werden kann und wird.

Dieser Prozess wird, wenn er einmal gestartet ist, fast über das ganze Leben lang weitergeführt.

Einfach erklärt ist das Ego also nichts anderes als eine Identifikation mit bestimmten Eigenschaften. Man könnte sagen, es handelt sich dabei um ein Ideal(**bild**). Demnach wäre also ein großes bzw. starkes Ego auch orientiert an einem entsprechend großen Idealbild.

Dennoch heißt das nicht, dass ein „starkes" Ego zwangsläufig ein Großmaul sein muss, wie man leicht vermuten könnte. Ein Ego kann ebenso stark sein, wenn es sich selbst negative Eigenschaften zuschreibt.

Das Ego strebt außerdem nach dem Wunsch, dem Ziel, das eigene ICH zu verbessern & zu perfektionieren.

Ein Idealbild, das wir uns in unserer Vorstellung erschaffen, wird verfolgt. Wir wollen etwas werden, was wir im Moment nicht sind.

So zum Beispiel: reich, schön, erfolgreich, mutig, unabhängig und vieles mehr. Dieses „etwas werden wollen" ergibt dann einen Antrieb. Quasi einen Motor zur Zielerreichung: sein Idealbild. Schauen wir uns an, wie sich dieses Verhalten dann äußert.

2.3   Der Kreislauf des ewigen Werdens

Kommen dir folgende Sprüche vielleicht bekannt vor?

„In der nächsten Prüfung werde ich besser abschneiden."

„Im neuen Jahr werde ich weniger essen/trinken."

„Bald werde ich genauso erfolgreich sein wie ..."

„Er/Sie ist mein Vor**bild**."

„Ich muss weiter meditieren, um erleuchtet zu werden."

„Demnächst will ich befördert werden."

Und noch lange so weiter...

Ganz besonders das letzte Beispiel zeigt ein aktuell vorherrschendes Denkprinzip sehr eindrucksvoll: Die Jagd nach einer besseren und höheren Position. Kurz gesagt: das Aufsteigen auf der Karriereleiter. Dabei ist es sogar egal, ob man hier nur vom Job spricht oder vom privaten und sozialen Leben.

Genau dieses Phänomen kennen viele von unzähligen Werbeversprechen selbsternannter „Erfolgsmenschen" als das Hamsterrad.

Gemeint ist damit die monotone Abfolge von Aufstehen, Arbeiten, nach Hause kommen, Schlafen und wieder von vorn. Die Versprechen lauten dann fast ausschließlich, dass man aus besagtem Hamsterrad aussteigen soll um ein freies und selbstbestimmtes Leben zu führen. Dazu verrät aber niemand, dass allenfalls die Umgebung gewechselt wird und die Menschen genauso wie zuvor, oder teilweise sogar noch schlimmer ihrer Arbeit hinterherrennen. Nicht selten opfern viele noch mehr Zeit für das versprochene freie Leben und müssen dann nach einigen Monaten feststellen, dass alles ein großer Schwindel war.

Hierbei handelt es sich um eine durchaus durchdachte und gut funktionierende psychologische Strategie zu genau diesem Zweck.

Fakt bleibt dabei eines:

Die meisten von uns rennen, um:

- Miete zu zahlen
- Rechnungen zu zahlen
- Statussymbole kaufen zu können
- zur höheren Gesellschaftsschicht zu gehören

Und noch vieles mehr.

Sie rennen diesen Dingen hinterher ohne auch nur im Ansatz zu verstehen, oder zu hinterfragen, was es eigentlich mit alldem auf sich hat.

Mancher wird den Spruch kennen: Ich arbeite um Geld zu verdienen, damit ich mir Sachen kaufen kann, die ich nicht brauche, um Leute zu beeindrucken, die ich nicht mag.

Damit ist der ganze Unsinn einfach beschrieben.

Fasst man alle Faktoren zusammen, könnte man kurzerhand sagen: die Menschen rennen, um besser zu werden.

Was ist jetzt aber dieses **besser**?

Und vor Allem: **Besser** als was?

An dieser Stelle kommen wieder die zuvor angesprochenen Bilder zum Tragen.

Wir hatten festgestellt, dass wir in Bildern denken und genauso, dass wir ein Bewertungssystem nutzen, egal welcher Art. Damit sind die Grundsteine gelegt für die Ursache von so viel Unmut, Trauer, Spaltung und Leid auf der ganzen Welt:

Vergleiche

Gehen wir nochmal zurück zu dem Kind unseres Beispiels. Nehmen wir an, es geht zur Schule und wird dort den üblichen Erziehungsmaßnahmen ausgesetzt. Das heißt einfach gesagt, es wird „programmiert".

Nun hat das Kind z.B. verschiedene Baumarten im Unterricht kennengelernt. Es kann jetzt Eichen von Buchen unterscheiden und hat sich dazu einige Merkmale eingeprägt.

Sieht das Kind also nebeneinander eine Eiche und eine Buche, setzen schon die ersten Vergleiche ein:

- Der Linke ist größer als der Rechte
- Der Rechte ist dicker als der Linke
- Der Rechte hat mehr Zweige als der Linke
- Der Linke hat größere Blätter als der Rechte
- Der eine hat eine größere Krone als der andere

Quasi lassen sich die Bäume komplett beschreiben und vergleichen.

Größer heißt in den meisten Fällen auch automatisch besser.

Aber stimmt das? **Sind** die Worte der Baum?

Überlegen wir uns, was Worte tatsächlich sind und was sie tun, kommen wir zu einer interessanten Erkenntnis. Sie be**schreiben** oder helfen sich etwas auszu**malen.** Worte sind also einfach ausgedrückt die Pinsel für unsere Bilder, die wir uns in den Kopf setzen.

Praktisch denken wir in Worten. Permanent läuft die „Gedankenstimme" mit und hilft dabei Bilder und Szenarien zu gestalten. Wir haben die Funktion von Bildern in Kapitel 2.2 schon kurz gesehen. Sie wirken als Speichermedium unserer Gedanken.

So wie bei den angesprochenen Bäumen passiert dasselbe auch mit anderen Menschen. Wir machen uns ein **Bild** des anderen. Über die Zeit, in der wir immer wieder mit einer Person in Verbindung stehen, wird das Bild immer genauer ausgemalt. Genau hier wird es spannend.

Nicht nur das Bild über den anderen wird ausgemalt, gleichzeitig wird das Eigene genauso ausgeschmückt. Sowie das passiert, erfolgen auch im selben Moment Vergleiche mit der anderen Person.

Zusammen mit dem Vergleich wird das erlernte Bewertungssystem angewendet und ein jeder ordnet sich und den anderen ein. Man könnte auch sagen, Menschen werden in verschiedene Schubladen gesteckt.

Wie bereits angedeutet erfolgen die ausschlaggebenden Bewertungen meistens nach **besser** oder **schlechter**.

Hier möchte ich ein bekanntes Zitat, von einem unbekannten Herausgeber, einbringen:

Wenn du einen Fisch danach bewertest, wie gut er auf einen Baum klettern kann, wird er für immer glauben, er sei dumm.

Zum besseren Verständnis machen wir uns allerdings noch ein Praxisbeispiel zu Nutze.

Nehmen wir an, ein junger Mann mit normaler Statur und normalem Körperbau sieht einen Hochleistungssportler. Er ist durchtrainiert und bringt bei verschiedenen sportlichen Aufgaben Bestleistungen.

Der übliche Lauf der Dinge wird sein, dass sich der junge Mann, fast automatisch, mit dem Hochleistungssportler vergleicht:

- Ich kann nicht so weit springen
- Ich kann nicht so schnell laufen
- Ich sehe nicht so durchtrainiert aus
- Ich habe nicht so viel Kondition

➜ Ergebnis: Ich bin **schlechter** als der Hochleistungssportler.

Was ist hier passiert?

Anhand seiner einprogrammierten Maßstäbe bewertet er sich selbst „im Vergleich". Zusätzlich **sieht** unser junger Mann fast täglich, dass Sportlichkeit auch gleichzeitig mit Erfolg verbunden ist.

- Erfolg bei Frauen (er sieht oft Werbung/Filme mit durchtrainierten Männern, die leichtes Spiel bei Frauen haben)
- Erfolg im Leben (in Werbungen werden erfolgreiche Geschäftsleute auch sportlich dargestellt)
- Erfolg im Bekanntwerden (Siegertypen werden oft als sportlich dargestellt)

Zusätzlich haben seine Eltern ihm immer gesagt, dass Sportlichkeit wichtig ist, genauso wie seine Lehrer und einige Freunde.

Er hat sich so sein eigenes, ideales Bild eines Mannes ausgemalt. Das Bild des Leistungssportlers entspricht diesem Ideal in großen Bereichen. Gleichzeitig sieht er sich selbst in dem Bild, was er sich von sich selbst ausgemalt hat. Dieses Bild entspricht nicht seinem Ideal und auch nicht dem des Leistungssportlers.

Mit der Schlussfolgerung und dem Gedanken „ich bin **schlechter** als der Leistungssportler" wirken diese Worte wieder als Pinsel für sein Bild von sich selbst.

Praktisch gesagt, malt er sein Bild von sich negativer.

Dass ein derartiger Vergleich allerdings absolut keine Wertigkeit hat, fällt auf, wenn man sich einige einfache Fragen stellt.

- Was vergleiche ich überhaupt? Äpfel mit Birnen?
- Sind die Menschen/Situationen/Objekte vergleichbar?
- Was nützt ein Vergleich?
- Für was vergleiche ich?

Ich selbst war früher und besonders während meiner ersten Jahre im Lernen einer Kampfkunst besonders vergleichend.

Stets und ständig habe ich meine Leistung mit denen der anderen verglichen, sie bewertet. Immer mit demselben Ergebnis: ich bin zu schlecht.

Selbst war ich nicht in der Lage zu sehen, dass Vergleiche überhaupt keinen Sinn gemacht haben. Insbesondere diejenigen mit erfahreneren Schülern, die zum Teil schon Jahre länger trainierten als ich. Man könnte sich vorstellen, dass ein Grundschüler sich mit einem Studenten vergleicht.

Dieses Vergleichen lief so lange, bis meine Leistungen besser wurden und ich auch eine bessere Meinung davon bekam. Wieviel das am Ende wert war, durfte ich dann in Thailand erfahren. Wer Band 1 bereits gelesen hat, weiß wovon ich rede.

Nun aber wieder zurück zu den Vergleichen.

Wir haben jetzt verstanden, dass Vergleiche durch Bewertungssysteme zustande kommen. Diese Systeme haben ihren Ursprung im Erlernten und Kopierten, was zusammen das ICH aus**bildet**. Und wie wir schon zu Beginn festgestellt haben, sind die Idealbilder eines Egos, genauso wie alle anderen Bilder im Kopf, das Ergebnis von Gedanken. Zusammen mit Worten als Pinsel ergibt sich mit diesen Komponenten ein Kreislauf von immer wieder neuem Werden.

Wir vergleichen, bewerten uns als schlechter, wollen besser werden, werden besser und vergleichen uns wieder und so weiter und so weiter.

Dieses Verhältnis ist allerdings noch nicht alles zum Thema Gedanken und Worte. Lasst uns noch ein bisschen tiefer einsteigen in die Bedeutung dieser Phänomene.

Man sagt, Gedanken werden zu Worten und Worte werden zu Taten, aber in Wirklichkeit liegen die Dinge anders. Worte **sind** Gedanken und die Gedanken **sind** Taten. Taten nämlich aus der Vergangenheit. Aber wie geht das?

Hier kommt das Thema **Zeit** ins Spiel.

2.4 Zeit

Sprechen wir über Zeit, müssen wir zuerst klären, welche Zeit wir meinen und bevor wir das tun können, steht die Frage, was Zeit tatsächlich ist.

Von Natur aus gibt es den Wechsel von Tag und Nacht, also praktisch die Tagzeit und die Nachtzeit. Nicht aber die heute von uns verwendete Uhrzeit.

Wir betrachten für den Moment rein die Tageszeit von 0 bis 24 Uhr.

Was bewirkt diese Einteilung für uns als Menschen, wie auch für unsere sogenannte Gesellschaft?

Neben den Vorteilen für ein strukturierteres Zusammenleben, was heutzutage auch gerne als „globalisiert" bezeichnet wird, hat die Einteilung unserer Tage, Wochen, Monate und Jahre in ihre spezielle Zeit noch einen immensen Einfluss.

Sie wirkt für uns wie eine Fessel.

Wie leben die meisten Menschen heutzutage?

Allzu oft hängen sich Menschen an Arbeit. Sie ist das Mittel, um an Geld zu kommen. Mit diesem Geld wird dann der allgemeine Lebensunterhalt bestritten und beliebig weit ausgestaltet. Arbeit und Geld werden also zu ziemlich bestimmenden Faktoren im Leben.

An dieser Stelle beschränken wir uns auf den zumeist vorkommenden Alltag vieler Menschen.

- Aufstehen & Vorbereiten für den Tag / die Arbeit
  - o Zum Teil mit Sehnsucht nach einigen Minuten mehr Schlaf
- Schnelles Frühstück mit reichlich ungesunden Nahrungsmitteln, die uns über Jahre per Werbung als gut und richtig angepriesen wurden
- Weg zur Arbeit
- Arbeit für mindestens acht Stunden
  - o Nach ca. 1-2 Stunden Vorbereitung + Wegezeit sind hiermit schon ca. 10 von den 24 Stunden am Tag verstrichen
- Rückweg
- Hausarbeit / ggf. Kinderbetreuung / Einkauf für den Lebensunterhalt
- Vorbereitung & Verzehr von Abendessen
- Fernsehzeit
- Schlafenszeit

Mit dem nächsten Morgen folgt die Wiederholung desselben Ablaufs. Jeden Tag, Tag für Tag, mit gelegentlichen Pausen, wie dem Wochenende.

Praktisch sind die Menschen in diesem Kreislauf gefangen. So kommt es zu dem Phänomen, was wir verstehen wollen.

Durch die Einteilung der Zeit hat sich gleichzeitig ein Bewertungssystem nach Zeit etabliert.

Wir bewerten die Zeit, die wir „haben" oder eben auch nicht „haben". Gleichzeitig bewerten wir all unsere Handlungen nach Zeit bzw. Zeitaufwand. Genau deshalb kommen häufig Aussagen zu Stande, wie zum Beispiel:

- Dafür habe ich keine Zeit.
- Ich kann leider nicht, ich habe noch Termine
- Ich habe soviel zu tun, mir fehlt die Zeit
- Ich mache das später, wenn ich Zeit habe
- Ich verschwende damit nicht meine Zeit

Jetzt wird es interessant.

Hier vermischt sich nämlich die Auffassung von Zeit und Zeit.

Zeit und Zeit?

Schauen wir, was es damit auf sich hat.

Wir haben gesehen, dass es Zeit als System für das tägliche Zusammenleben gibt. Was allerdings auch für einen Großteil der Menschen zutrifft, ist die Zeit im **psychologischen** Sinn. Gemeint ist damit das Zeit**gefühl** für einen Menschen.

Beispielsweise ist für einen jungen Mann die freudige Gesellschaft mit einer hübschen Frau gefühlsmäßig schneller vorbei, als dieselbe Zeit beim Erledigen einer unliebsamen Aufgabe.

Heißt das also, es gibt eine „reale" Zeit (Uhrzeit) und eine gefühlte Zeit? Und wenn dem so ist, wodurch entsteht diese gefühlsmäßige Zeit?

An dieser Stelle kommen wir nochmal zurück auf das Thema Gedanken.

Wir haben schon verstanden, dass Gedanken ihre Quelle in erlebten, vergangenen und abgespeicherten Ereignissen haben. Ganz einfach formuliert heißt das: wir haben eine Erfahrung, kreieren daraus eine Erinnerung (abgespeicherte Bilder) und damit erweitern wir unseren Bewertungsmaßstab bzw. das Bild der eigenen Realität.

Demnach ist unser kompletter Denkprozess aufgebaut auf der Vergangenheit, um es vereinfacht auszudrücken.

Im Umkehrschluss heißt das auch, dass unsere Gedanken nur auf Erinnerungen und damit auf vergangene Ereignisse zurückgreifen können.

Sie beinhalten also an sich schon ein Zeitelement. Das führt uns zu einem Ergebnis:

Gedanken **sind** also Zeit.

Genau genommen sogar **vergangene** Zeit.

Was bedeutet das jetzt für uns insgesamt?

Offensichtlich gibt es also eine reale Zeit und eine psychologische (gedankliche) Zeit.

Damit wird auch klar, was wir vorhin damit meinten, dass die Auffassung von Zeit und Zeit sich miteinander mischt.

Die psychologische Zeit ist ein Ergebnis unserer Gedanken und damit **nicht** real.

Ganz flach ausgedrückt heißt das: psychologische Zeit ist eine Illusion, eine Einbildung.

Es gibt sie praktisch gar nicht.

Dennoch beschäftigen fast alle Menschen die gleichen Probleme und die haben einen Haupteinfluss:

psychologische Zeit.

Schon in der Schule beginnt es. Leistungskontrolle. Nicht nur, dass die verwendeten Bewertungsmaßstäbe oft nicht die tatsächliche Leistungsfähigkeit widerspiegeln, es ist der Zeitdruck, den Kinder von der Pike auf lernen zu ertragen. Für einen Test gibt es eine Prüfungszeit, in der das Kind die geforderten Informationen abrufen muss. Wird man nicht rechtzeitig fertig, droht Punktabzug und damit auch eine schlechte Bewertung.

In den üblichen Schulsystemen werden fast ausschließlich auf diese Weise Leistungen bewertet. Anstatt aber das Wissen bzw. das wirklich Begriffene eines Schülers sichtbar zu machen, wird nur die Fähigkeit bemessen, wie gut man sich feste Informationen merken kann. Ebenso wie die Fähigkeit den Stoff so schnell wie möglich zu Papier zu bringen.

Oft wird dann auch von sogenanntem Leistungsdruck gesprochen, weil von Kindern bzw. Schülern erwartet wird, dass gute Ergebnisse „abgeliefert" werden. Sowohl von Eltern, als auch Lehrern. Nicht zuletzt erwarten das die Schüler auch von sich selbst. Warum sonst reagiert man mit Verdruss auf eine schlechte Bewertung?

Dieser Leistungsdruck ist aber tatsächlich eher ein Zeitdruck. Das Gefühl im Verzug zu sein beherrscht den Denkprozess.

„Ich muss gut sein, also muss ich schnell sein und viel abrufen können, also muss ich schnell viel lernen und mir merken. Nur dann kann ich andere von mir überzeugen.

„Nur dann steigert sich mein Wert..."

Was folgt ist die permanente Angst zu langsam zu sein oder „dem Zeitplan" hinterher zu hängen. An dieser Stelle wollen wir die ausreichend bekannten Deadlines nicht vergessen oder wie sie zu Schulzeiten heißen: Prüfungstermine. Mit derartig gesetzten Terminen hat unser Gehirn reichlich Spielraum sich

Zeitdruck aufzuerlegen und Angst walten zu lassen.

„Am so und so Vielten ist Prüfung. Bis dahin muss ich noch so viel schaffen." Prompt sitzt man in der Falle.

Besonders kritisch werden solche Situationen, weil wir als Menschen nicht für diesen Zeitdruck ausgelegt sind. Nur zu gerne widmen wir uns anderen Themen anstelle lästigen Terminen. Mit einer Folge: Wenige Tage vor einer Deadline verfallen wir in Panik und stellen fest, dass wir **keine Zeit haben**.

Von der Grundschule geht es weiter über die Mittelschule und dann zum Studium oder in die Berufslehre und schließlich in den Job. Von Mal zu Mal nimmt dann die Intensität des Zeitdrucks zu. Stets nach dem gleichen Schema.

Spätestens im Berufsleben kommen noch stärkere seelische Belastungen hinzu, weil je nach Aufgabengebiet verschiedene Verantwortungen auf unseren Schultern lasten. „Bis Montag muss die Abrechnung geschrieben sein, sonst macht unser Betrieb einen immensen Verlust!" Man kann sich leicht vorstellen, welchen enormen Zeitdruck so ein Satz bei dem Menschen auslösen muss, der diesen Auftrag erhält.

Auch das Privatleben lässt uns verschiedene Varianten des Zeitdrucks erfahren.

Als Kind hat man vielleicht als letzter noch nicht das aktuellste Spielzeug, was alle anderen schon bekommen haben.

Als Teenager ist man der letzte Single oder hatte noch keinen Freund oder eine Freundin.

Gegen Ende der Schulzeit hat man als letzter noch keine Arbeitsstelle gefunden.

Frauen geraten oft in Zeitdruck, wenn sie in einem bestimmten Alter noch keine Kinder oder Lebenspartner „vorweisen" können.

Männer dagegen fühlen Zeitdruck, wenn sie ab einem gewissen Alter noch keine „Erfolge" verzeichnen können. Beispielsweise ein Haus oder ein bestimmtes Auto.

Steigt das Alter verschaffen sich auch zunehmend nicht erfüllte Träume und Wünsche Zugang zum eigenen Geist und vermitteln uns ein Gefühl der Zeitnot, weil wir sie noch nicht „abgehakt" haben.

Wir werden also permanent von einem Gefühl mangelnder Zeit begleitet. Dabei ist es ganz egal, ob wir es wirklich wahrnehmen oder gar nicht wahrhaben wollen. Es ist da und ergänzt noch viele andere Einflussfaktoren, auf die wir früher oder später treffen.

Wut, Trauer, Verwirrung, Spaß, Einsamkeit und all die Dinge die uns im Verlauf unseres Lebens mehr oder weniger ausgeprägt begegnen, entfalten ihre Wirkung so wie wir sie kennen nur durch eines: unsere Gedanken.

Die Bilder, die wir mit unserem Denken verknüpfen, vergleichen und ausschmücken sind die Vergangenheit, der wir erlauben unsere Gegenwart zu beeinflussen.

Allzu oft versinken wir sprichwörtlich in Gedanken.

Je nach Art dessen, was wir denken, wird sich ein Einfluss auf uns selbst ergeben. Zusammen mit dem Gefühl mangelnder Zeit führt der gesamte Prozess dann zu dem, was man heute als Schnelllebigkeit bezeichnet.

Werte, Ziele, Dinge und sogar Menschen werden Opfer des Nie-genug-seins. Immer schneller werden sie ausgetauscht, ersetzt, so wie es gerade passt.

Du bist anderer Ansicht als ich? Auf Wiedersehen, ich habe keine Zeit mich mit Leuten zu beschäftigen, die nicht meiner Meinung sind.

Um nur ein kurzes Beispiel zu nennen.

Zu dieser Erscheinung gibt es auch eine vermeintliche Gegenbewegung.

Um der eben genannten Schnelllebigkeit zu entfliehen, haben sich einige Menschen auf die Fahne geschrieben „achtsam" zu sein und alles bewusst wahrzunehmen.

Leider ist aber auch hier das Ganze besser **gedacht** als tatsächlich ausgeführt.

2.5 Achtsamkeit – Selbstbetrug?

Sehr oft entstehen aus guten Ideen sogenannte Trends. In der Folge wollen dann möglichst viele auf den gewinnversprechenden Zug aufspringen. Dabei gehen leider die ursprünglichen Ansätze mehr und mehr verloren. Dieser Mechanismus ist ähnlich dem des Spiels Stille Post. Schon der zweite Mitspieler versteht das, was der Erste sagt, anders und gibt es entsprechend anders weiter zum Nächsten, der wieder ein anderes Verständnis des Ganzen hat.

So geschehen auch beim Thema Achtsamkeit und Spiritualität. Der Ausgangspunkt ist eine Unzufriedenheit, ein Problem oder kurz gesagt das Unwohlsein im eigenen Leben. Ursächlich sind dabei die bereits angesprochenen Zusammenhänge zwischen Gedanken, Zeit, Lebensabschnitt usw.

Um diese Probleme zu lösen, suchen sich die Menschen Hilfe bei anderen, von denen sie den Eindruck haben, dass sie **spirituell** sind. Für diese Menschen heißt spirituell zu sein lediglich sich mit geistigen Themen auseinander zu setzen. Die nötige Tiefe verfolgen dabei die Wenigsten.

Die große Menge an Gurus & Coaches zeigt, dass sie diese Suchenden zu gerne versorgen. Im Vordergrund steht jedoch fast ausschließlich das Geld. Wir haben bereits zu Beginn dieses Buches kurz darüber gesprochen.

Sollte eine Beratung nicht „passen", sucht man sich einfach eine andere, bis man hört, was man hören möchte.

Das soll aber keineswegs heißen, dass eine größere Absicht dahintersteckt, wenn die „Beratung" nicht passt. Vielmehr ist das Paradoxe, dass kaum jemand dieser Gurus & Coaches selbst versteht, was sie da wirklich tun.

Ein beliebtes Schlagwort, was gerne zitiert wird und sich in entsprechenden Kreisen fast schon zu einer Religion erhoben hat, ist die sogenannte Achtsamkeit.

Man soll achtsam durchs Leben gehen, seine Gefühle zulassen, auf sie achten und demnach etwas tun. Aber was denn eigentlich?

Da fängt das Problem schon an: was sollen wir tun, wenn wir dann achtsam sind? Was sollen wir überhaupt tun?

Geht es um diese Frage wissen die Anwender genauso viel, wie ihre Lehrer.

Das, was nämlich passiert, um es für eine breitere Masse greifbar (verkäuflich?) zu machen, ist die Erzeugung von Systemen, Praktiken, Konzepten und Methoden. Schließlich muss man ja etwas tun um seinen Erfolg zu **messen**.

Was daraus bisher entstanden ist, sind unzählige Arten sogenannter Meditation, Gesang, Tanz, „5-Step"-, „7-Step"- oder „X-
Step"-Systemen, Massagen, Düfte, Klänge, Kommunikations-
trainings und Unzähliges mehr. Am Ende bleibt leider nur ein Ergebnis: das Problem besteht trotz allen ausprobierten Methoden weiter.

Übrigens existiert ein ähnliches Paradox auch im Finanzbe-
reich. Jeder ist ein besserer Berater als der Andere und egal
wo man hingeht, wird erklärt, dass die vorherige Beratung ja so
schlecht war. Mit dem Endergebnis, dass schlussendlich nur
das eigene Geld in jedem Fall weg ist.

Nun aber zurück zur Achtsamkeit.

Viele Menschen die Achtsamkeit als ein Konzept verfolgen,
wirken auf andere fast schon wie Anhänger einer Sekte.

Wie kommt das?

Es wird mit aller Macht versucht „achtsam" zu sein. Jedoch
greifen dabei die eigenen Gedanken wieder massiv ein.

Angenommen wir wissen, wir müssen jetzt achtsam sein, tau-
chen die ersten Fragen auf: Achtsam auf was? Auf wen? Mich
selbst? Andere? Und vor allem: Wie?

Das „Wie" äußert sich dann im Analysieren. Wir beginnen uns
selbst oder besser noch, **Andere** zu analysieren.

Beispielsweise überkommt uns wegen irgendwas eine plötzliche Wut. Kurz danach sagen wir zu uns selbst „Ich war eben zornig." Postwendend geht das Gedankenspiel auch schon los: Warum war ich zornig? Ich darf eigentlich nicht zornig sein, weil mein Lehrer gesagt hat, ich soll achtsam sein und nicht unkontrolliert ausbrechen. Jetzt habe ich einen Fehler gemacht, nächstes Mal muss ich besser werden. Ich bin noch nicht achtsam genug. Mein Lehrer ist mein Vor**bild**, ich muss noch viel tun, bis ich so bin wie er.

Der Schlüssel sind wieder die Vergleiche. Sie bilden zusammen mit Gedanken und Maßstäben einen stetig stärker werdenden Teufelskreis.

Ebenso sind sie auch Ausgangspunkt für Methoden, Praktiken und Konzepte.

Was aber sind solche Konzepte?

In Wahrheit sind es Verhaltensmuster, die ein Ziel verfolgen. Das Ziel selbst ist aber bereits ein Gedankenkonstrukt, weil man sich sein Ziel zunächst **ausmalen** muss.

Bis man das gesteckte Ziel erreicht hat folgt man einem mechanischen Muster. Es ist dasselbe Muster, das wir bereits beim Lernen festgestellt haben. Man könnte es auch als „Trial & Error"-Prinzip bezeichnen.

In der Konsequenz heißt das aber auch, dass man sich damit im Kreis dreht. Während wir einem mechanischen Konzept folgen, können wir nicht aus eben diesem Verhalten entkommen. Kurzum bedeutet das, dass wir gar nicht wirklich achtsam sein können, obwohl wir es versuchen. Wir täuschen uns also einfach gesagt selbst, indem wir immer wieder Symptome bearbeiten. Das Problem an sich aber nie angehen.

Neben Achtsamkeit stehen noch viele weitere Phänomene auf der Agenda der Gurus & Coaches. So zum Beispiel auch die sogenannte „Integration" von Gefühlen, Empfindungen, Erlebnissen und verschiedenen Bewusstseinsarten.

Alle, denen diese Ideen schon einmal begegnet sind sollten sich eine grundsätzliche Frage stellen:

Bedeutet „integrieren" nicht, dass etwas vorher getrennt sein muss? Falls ja, wer hat es getrennt?

2.6 Bewusst & Unbewusst?

Das beste Beispiel für ein beliebtes Integrationsthema ist das Konzept von Bewusst & Unbewusst bzw. Bewusstsein und Unterbewusstsein.

Heutzutage existiert fast ausschließlich die Ansicht, dass wir Menschen ein Bewusstsein & ein Unterbewusstsein haben. Dabei soll das Bewusstsein alles das sein, was wir „bewusst" wahrnehmen. Das Unterbewusstsein dagegen soll ein riesiger Informationsspeicher sein, der alle Eindrücke und Erlebnisse im Verlauf des Lebens registriert und gewissermaßen abspeichert.

So weit so gut. Was folgt aber aus diesem Verständnis?

Hiermit liefern wir uns selbst eine prima Möglichkeit Verantwortung von uns zu weisen. Was können wir schon für unser Unterbewusstsein? Das nimmt ja leider alles auf und wird auch von anderen beeinflusst.

Besonders spannend wird es, wenn wir uns einige Beispiele ansehen. Hierfür greifen wir zurück auf das breite Feld der Hypnose und der sogenannten Meditation und Seelenreisen. Sei es das innere Kind, die schlimme Vergangenheit mit zu wenig Liebe der eigenen Eltern oder ein Rückblick in ein früheres Leben. Das alles soll im Unterbewusstsein gespeichert sein.

Treten nun also Probleme auf, mit Verhaltensweisen oder Gefühlsausbrüchen und dergleichen mehr, wird nach der Ursache gesucht. Früher oder später landet man dann bei den eben aufgeführten Themen.

Unabhängig von den Einzelergebnissen solcher Praktiken steht ein großes Endergebnis: Super, ich bin gar nicht selbst verantwortlich für mein Verhalten/meine Reaktionen. Die Ursache liegt Jahre zurück oder sogar in einem früheren Leben. Da bin ich ja beruhigt, ich bin nicht selbst schuld.

Nun trifft jeder selbst die Entscheidung, ob ihm diese Einsicht reicht oder ob man das erkannte Problem „integrieren" möchte. Natürlich nur mit der Hilfe des entsprechenden Coaches.

Mir wurden diese absurden Zusammenhänge schlagartig klar, als mir eine Schülerin von ihrem „Lebenscoach" berichtete. Sie sagte mir, dass sie nach seiner Aussage noch viele Sitzungen bräuchte, um ihre Probleme lösen zu können. Dieser Satz zielt einzig und allein darauf noch mehr Geld zu verdienen, aber in keiner Weise steht hier die Hilfe für den Suchenden im Vordergrund.

An dieser Stelle sei auch deutlich darauf hingewiesen, dass nicht alle Problematiken unter dieses Muster fallen. Es gibt durchaus Traumata, die vielleicht in der Kindheit entstanden sind oder durch eine schreckliche Erfahrung im Verlauf des Lebens. Diese Dinge sind allerdings von ihrer Wirkung her anders als die Beispiele zuvor. Besonders Kindesmissbrauch und z.B. Vergewaltigung sind nicht zu vernachlässigende Probleme, die ein Mensch haben kann.

In den meisten Fällen wird den Betroffenen nur geholfen das Problem besser zu ertragen, aber nicht wirklich zu lösen. Kurz gesagt heißt das, es werden Symptome behandelt, nicht aber die Ursachen.

Der einfachste Weg ist dabei die Verantwortung abzugeben. An wen oder was ist dabei ziemlich egal. Entsprechend viele Möglichkeiten haben sich die Menschen bisher dafür einfallen lassen.

Nicht zuletzt deswegen, sucht man aus Gewohnheit immer gerne zuerst einen Schuldigen. Schon bei Kleinigkeiten, wie zum Beispiel Verspätungen, finden wir praktisch immer einen passenden Schuldträger: die Uhr, die nicht richtig funktioniert hat; den Verkehr, der so zäh ging wie noch nie; das Telefon, was uns genau im falschen Moment aufgehalten hat; oder, oder, oder. So zieht es sich durch alle Lebensbereiche, Hauptsache die Verantwortung trägt der Schuldige und nicht man selbst.

Was mit Abstand aber am besten funktioniert, ist die Abgabe einer Breitenverantwortung, wenn man es so bezeichnen möchte. An dieser Stelle kommen nun Religionen und ihre Ableger ins Spiel.

Eine Religion zeichnet sich dadurch aus, den Gläubigen etwas zu geben, was sie sonst nirgends finden. Das, was eine Religion bietet, kann man auch gar nicht finden, weil es nicht wirklich existiert.

Gemeint ist: Sicherheit.

Besser gesagt: das **Gefühl** von Sicherheit.

Egal was passiert, Gott wird mich leiten oder falls etwas schiefgeht, auf mich aufpassen. Geht es mir schlecht, ist das sicher Gottes Strafe oder Gottes Wille, weil ich seine Regeln verletzt habe. Durch meine Gebete wird mir Gott helfen, komme was wolle. Diese und noch unzählige Gedankengänge mehr liegen einer Religion zugrunde. Das Wort „Gott" kann dabei beliebig ersetzt werden. Durch Allah, Jesus, Heiliger Geist, Buddha, Krishna, Jawe und was es sonst noch alles gibt.

Das Konzept bleibt dasselbe:

Ich brauche nur zu glauben oder zu beten und Gott wird mir helfen, meine Probleme lösen und wenn nicht, habe ich nicht genug gebetet oder geglaubt. Die Verantwortung lässt sich damit stets auf eine höhere Existenz schieben.

Welchen Charakter dann also Religionen haben müssen, können wir uns leicht erklären, wenn wir uns in Erinnerung rufen, wie viele Kriege schon im Namen irgendwelcher Religionen geführt wurden.

Wir haben festgestellt, dass Gedanken zu Bildern führen und Bilder dann zu Vergleichen.

Hat nicht jeder Gläubige sprichwörtlich ein Bild von seinem Gott? Heißt das folglich auch, dass verschiedene Religionen (Bilder) miteinander verglichen werden?

Sobald jetzt ein Vergleich mit der entsprechenden Bewertung zu dem Ergebnis kommt, dass (m)ein Bild „besser" ist, als das Andere, ist der Grundstein für einen Konflikt bereits gelegt.

Wie bei jedem Konflikt liegt es am Potential der beiden Kontrahenten, zu was sich das Ganze entwickelt. Bricht man es auf die Essenz herunter, bleibt jedoch eines klar:

Konflikt bedeutet in der Endkonsequenz Krieg.

Mit anderen Worten heißt das: Kriege sind unvermeidbar, sobald sich eine vergleichende Bewertung in Verbindung mit dem sogenannten Ego zwischen zwei Akteuren einstellt.

Gleiches gilt neben Religionen auch für Länder, soziale Klassen, Volksgruppen, ja sogar für jeden einzelnen Menschen.

Mit dieser Erkenntnis müssen wir jetzt also fragen:

Sind Akteure = Bilder?

Um den Rahmen des Buches nicht zu sprengen, kehren wir an dieser Stelle zurück zum Grundkonzept von Religionen.

Mittlerweile hat sich „Spiritualität" auch sehr stark dem Konzept der Religionen angenähert. Einzig die Themen sind verwobener aufgebaut. So ist Gott beispielsweise als Licht beschrieben oder die „helle" Seite. Dazu gibt es auch noch einen Teufel oder eine „dunkle" Seite. Das Prinzip ist aber auch hier parallel zur Religion die Trennung von einer übergeordneten Ebene (Gott) und uns selbst.

Probleme und Verantwortungen können so viel leichter abgegeben werden und man fühlt sich umgehend besser. Schließlich können wir uns damit auch besser selbst erklären, welche vermeintlichen Ursachen unsere Probleme haben.

Selbes gilt für die Teilung von Bewusstsein und Unterbewusstsein. Geteiltes lässt sich viel einfacher analysieren und „verstehen".

Wie wird nun also mit Problemen umgegangen, wenn wir schon die Verantwortung für die Ursache abgeben können. Die Antwort ist ganz klar: Man versucht den verantwortlichen Teil zu beeinflussen.

An dieser Stelle wird es besonders spannend.

Über die letzten Jahre haben sich eine Vielzahl an Techniken etabliert, um Einfluss auf das Unterbewusstsein auszuüben. Mal mit mehr und mal mit weniger Erfolg. Das liegt allerdings daran, dass auch hier viel Halbwissen existiert.

Wir haben schon die „X-Step"-Systeme erwähnt, die auch dazu dienen genau so eine Beeinflussung zu erzielen.

Mach dieses und jenes und das in einer bestimmten Reihenfolge und dreimal am Tag und X-mal in der Woche, dann wirst du der Geilste, Reichste und Tollste und, und, und.

Es handelt sich bei diesen Praktiken um nichts anderes als Gedankenkontrolle, oder sagen wir besser Selbsthypnose. Effektiv ist es egal, ob man es Suggestion, Hypnose, Gebet oder Mantra nennt. Der Versuch sich selbst über verschiedene Methoden zu programmieren, um ein bestimmtes Ziel zu erreichen, ist derselbe.

Meine persönliche Erfahrung hat gezeigt, dass in der Tat solche Selbsthypnosen oder Suggestionen durchaus funktionieren. Es stellt nur niemand die Frage, wie lange der Effekt anhält. Genau das ist auch der kritische Punkt. Hält die Wirkung nicht an, oder setzt sie gar nicht erst ein, strömen die gierigen Massen bei ihrer Suche nach Seelenheil zum nächsten Coach und zum nächsten Guru und zur nächsten Religion. Für einige dreht sich dieser Kreis dann ewig, ohne dass sie es merken.

Schuld ist die Unkenntnis der Lehrer und die Gier der Schüler.

Die Vorteile und Möglichkeiten aufzuzeigen, die man mit einer Eigenprogrammierung erreichen kann, ist relativ leicht.

Doch bei weitem nicht jeder hat die nötige Schlüsselkenntnis, um eine tatsächliche Veränderung zu bewirken.

Es beginnt schon beim Verständnis von Bewusstsein und Unterbewusstsein.

In Wahrheit geht mit der Akzeptanz der Trennung von Bewusstsein und Unterbewusstsein auch die Akzeptanz der Probleme einher.

Freilich ist die Idee und das Konzept dieser beiden Zustände angenehm und einfach zu begreifen. Was aber, wenn wir die Frage anders stellen?

Wo liegt der Ursprung von Bewusstsein und Unterbewusstsein? Von Religionen?

Zur Beantwortung dieser Frage legen wir unser Augenmerk nochmal auf unsere Gedanken.

2.7   Selbsterfüllende Prophezeihung

„Du bist, was du isst"

Nein, wir sind nicht bei einer Ernährungsberatung gelandet. Allerdings beschreibt dieser Satz absolut treffend, was es mit unseren Gedanken auf sich hat.

Oh nein, mein Termin morgen kann nur schlecht laufen. Ich bin nicht gut vorbereitet, sicher werde ich etwas gefragt, was ich nicht beantworten kann. Danach auch noch ein Treffen mit dem Menschen, den ich gerade überhaupt nicht sehen will. Der Tag ist jetzt schon gelaufen.

Mit welchem Gefühl würdest du am nächsten Morgen in einen solch aussichtsreichen Tag starten?

Wahrscheinlich hatten wir alle schon solche, oder ähnliche Momente.

Dennoch sollten wir uns die Frage stellen: **Ist** der Tag schlecht wegen der bevorstehenden Termine/Aufgaben oder **wird** er schlecht, weil wir ihn schlecht **machen**?

Das Morgen liegt in der Zukunft, also kommt nur Option Zwei in Frage. Wir machen ihn also schlecht, aber wie?

Ganz einfach, indem wir uns selbst mit unserer negativen Einschätzung der Lage einen inneren Dialog eröffnen, auf den unser Denkprozess nur zu gerne einsteigt. Man kommt dann vom Hundertsten ins Tausendste: Ich habe keine Lust darauf, weil und überhaupt und letztens noch, das habe ich ja schon mal erlebt, bitte nicht nochmal, wieso schon wieder ich? So läuft das schon mein ganzes Leben, ich habe keine Lust... und noch lange so weiter.

Im Kapitel zuvor haben wir kurz erwähnt, dass es möglich ist unsere Gedanken zu beeinflussen und so auch uns selbst zu programmieren. Wir haben gesehen, wie Praktiken und Methoden dafür genutzt werden. Das Ganze funktioniert allerdings auch andersherum, wenn man so will.

Unsere Gedanken sind derart machtvoll, dass ihr Inhalt über das bestimmt was passiert, wie wir uns verhalten, wie wir Dinge wahrnehmen.

Verschiedenste Phänomene lassen sich damit manifestieren.

Vielleicht kommen dir einige der folgenden Beispiele bekannt vor:

„Ich bin heute so müde!"

Zuerst denken wir diesen Satz, nachdem wir aufgestanden sind. Lassen wir uns dann dazu verleiten jedem mitzuteilen, dass wir müde sind, bleibt die Müdigkeit mit Sicherheit bestehen. Unabhängig von der Menge an Kaffee oder Energydrinks, die wir vielleicht zu uns nehmen, um dagegen zu steuern. Mit jeder Wiederholung stärken wir den Zustand der Müdigkeit.

Das Beispiel lässt sich beliebig verändern.

„Ich bin heute nicht gut drauf und kann mich nicht richtig konzentrieren."

„Meine Verletzung tut heute besonders weh."

„Ich mag diese Arbeit nicht."

Aber auch: „Ich bin genau der richtige für den Job."

„Mir geht's absolut spitze."

Völlig egal was wir denken. Wir werden zu dem, was wir denken.

Kurz gesagt: Du bist, was du den ganzen Tag denkst.

Betrachten wir unsere Gedanken als Nahrung für unseren Geist ist also „Du bist, was du isst." gar nicht so weit hergeholt.

Wir könnten entsprechende Beispiele noch unendlich weiterführen.

Denken wir in getrennten Bereichen, wie wir es bei Religionen und zum Teil bei Spiritualität gesehen haben, hat das einen Effekt auf uns selbst. Allein die Teilung zwischen **gut** und **schlecht** beschäftigt uns das ganze Leben.

In erster Linie bestimmten unsere Gedanken also unsere Realität. Damit bestimmt also unsere Vergangenheit unsere Zukunft. Das heißt auch, dass wir sowohl positive als auch negative Dinge ins eigene Leben „ziehen" können. Es ist das gleiche Prinzip, wie bei den zuvor erwähnten Mantras & Gebeten. Nur üben den meisten Einfluss auf uns die Gedanken aus, die wir gar nicht so richtig wahrnehmen. Wir verstehen sie vielleicht sogar, aber ohne sie zu begreifen. Der größte Gegenspieler ist bei dieser Thematik die eigene Gewohnheit.

Schon zu Beginn haben wir festgestellt, dass Kinder das Verhalten der Vorbilder kopieren. Es ist aber nicht nur das Verhalten, es ist auch in einem gewissen Rahmen das Denken bzw. die Art zu denken. Ähnlich funktioniert dieses „Abgucken" bei allem was uns täglich als Einfluss begegnet. Entsprechend können Denkmuster und Denkgewohnheiten in unseren Geist Einzug halten, ohne dass wir das besonders registrieren würden.

Erlernen wir also aus irgendwelchen Gründen ein bestimmtes Denkmuster, wird es unsere Realität beeinflussen.

Selbst konnte ich dieses Phänomen schon bei einigen Familien feststellen. Egal zu welchem Anlass sich die Familienmitglieder trafen, meistens früher als später kommt ein bestimmtes Gesprächsthema auf den Tisch: Krankheiten und Medikamente. Besondere Dynamik nimmt dieses Thema in Personenkreisen an, bei denen mehrere Personen von Medikamenten abhängig sind. Ohne zu tief ins Detail einzusteigen, bleibt eine Gewissheit in den Köpfen der Betroffenen:

Ohne meine Medikamente bin ich aufgeschmissen.

Ohne meine Medikamente wird es mir schlecht gehen.

Diese Einsichten werden dann zur selbsterfüllenden Prophezeihung, sind die Medikamente einmal nicht zur Verfügung. Ohne das Mittel wird sich ein schlechtes Gefühl einstellen, oder sogar das Leiden verstärken.

Bevor an dieser Stelle nun einige bereits in Diskussionsstellung gehen, um über Grundsätze der Arznei und Pharmazie zu diskutieren, möchte ich dazu einladen, in dem Beispiel das Wort **Medikamente** zu ersetzen mit **Kaffee**, oder **Geld**, oder sonst einem beliebigen Bedarfsmittel.

Praktisch heißt das also zusammengefasst, wir manifestieren prinzipiell das, was wir ständig denken.

Denke ich negativ, wird sich Negatives manifestieren.

Denke ich positiv, geschieht Positives.

Denke ich einseitig, bin ich einseitig und so weiter.

In Korrespondenz mit anderen Menschen erweitert sich das Potential sogar noch.

Hört man beispielsweise über einen neuen Arbeitskollegen schlechte Gerüchte, passiert es nicht selten, dass man sich selbst schon ein Urteil zu diesem Menschen **bildet**. Das alles jedoch ohne ihm begegnet zu sein oder mit ihm gesprochen zu haben.

Um noch genauer in die Wechselwirkungen dieser Phänomene einzusteigen, ist es nötig zu verstehen, was Gedanken letztendlich sind und wie sie funktionieren. Sowohl im Menschen als auch zwischen den Menschen.

2.8 Schwingungen

Gedanken sind Gedanken.

Leider ist diese Definition nicht geeignet das eigentliche Wesen unserer Gedanken zu beschreiben.

Selbstverständlich könnten wir an dieser Stelle sämtliche wissenschaftliche Fachliteratur zitieren und genau herausstellen, dass der Denkprozess aus Hirnströmen und Synapsen besteht und auf verschiedenen Wegen beeinflusst werden kann.

Diese anerkannten Ansätze sind auch gar nicht so verkehrt, jedoch greifen sie nicht tief genug, um Gedanken und menschliche Interaktion zu verstehen.

Was bleibt übrig, wenn wir den Denkprozess bis auf die letzten Instanzen herunterbrechen? Das heißt, was bleibt, wenn wir den Gedanken zu Ende denken?

Egal wie weit wir die Betrachtungen ausführen, am Ende unterhalten wir uns über Atome.

Was hält aber nun diese Atome zusammen bzw. auseinander, sodass nicht permanent Kerne verschmelzen und nukleare Katastrophen auftreten?

Die Antwort ist ganz einfach: es ist Energie, reine Energie.

Beispielsweise entsteht Licht physikalisch gesehen durch den Wechsel von sogenannten Energieniveaus der Atome. Dabei werden Photonen freigesetzt. Man sagt dazu diese besonderen Elektronen werden emittiert. Es macht allerdings keinen Unterschied, wie ich dieses Phänomen nenne und beschreibe und ob ich das Elektron Photon nenne oder nicht. Was bleibt ist die Energie.

Uns soll daran vornehmlich die Art und Weise interessieren, wie diese Energie sich bewegt. Sie bewegt sich als Welle.

Hier haben wir auch schon die Schlüsselerkenntnis.

Eine Welle ist nichts anderes als eine Schwingung.

Energie wird also über Schwingungen übertragen.

Weiten wir das Ganze noch etwas aus, können wir annehmen, dass also auch Gedanken mittels Schwingungen übertragen werden.

Noch genauer gesagt **sind** sie selbst Schwingungen.

Damit sind wir aber noch lange nicht am Ende.

Die buchstäblich einleuchtendste Form von Energie ist für uns der elektrische Strom. Jeder, der schon mal Bekanntschaft mit einem Stromschlag gemacht hat, hat verstanden, dass wir diese Energie fühlen können. Egal ob groß oder klein, ein Stromschlag vermittelt uns einen Schmerzreflex.

Heißt Fühlen dann im Umkehrschluss auch, dass unsere Gefühle Schwingungen bzw. Energie sind?

Und wenn dem so ist: Welches Mittel ist uns bekannt, dass es vermag alle möglichen Gefühle in uns hervorzurufen, zu bestärken, zu schwächen, uns zu motivieren (zu energetisieren) oder uns verzweifeln zu lassen?

Es sind Worte, oder besser gesagt die Sprache, die wir sprechen und denken.

2.9 Sprache

Quasi unsere gesamte aktive Kommunikation baut auf der Sprache auf. Wenn jemand mit uns spricht, erhalten wir Informationen über den reinen Inhalt des Gesagten, aber auch über den Sprecher.

Über geschickte Anwendung von Sprache ist es möglich auch versteckte Bedeutungen in das Gesagte zu integrieren.

Worte und die Art, wie sie gesagt und miteinander verbunden werden ergeben diese Bedeutungen. Die Mengen an Informationen werden praktisch verschlüsselt.

Das heißt, dass nicht jede Information völlig frei zugänglich ist.

Lesen oder Hören kann diese versteckten Bedeutungen dann nur derjenige, der den passenden Schlüssel zum Decodieren hat.

Prinzipiell kann man sagen, die erlernte Sprache selbst ist ein solcher Schlüssel, also entweder deutsch, englisch, italienisch, französisch...

Das Ganze geht aber noch viel weiter.

Wir hatten festgestellt, dass es auf die „Art" des Redens ankommt, wenn man spricht.

Es ist damit nichts Anderes gemeint als die Tonlage, mit der gesprochen wird. Das heißt also Sprache ist Text **und** Ton.

Die Definition als Text **und** Ton stößt uns damit auch zur Erkenntnis, dass wir bei Sprache auch immer eine Art Musik vor uns haben. Musik wiederum ist nichts anderes als Schwingung. Je gefühlvoller das Stück, umso besser wirkt es in den meisten Fällen.

Man sagt auch: die Musik „nimmt mich mit".

Ebenso wie bei der Musik werden auch in der „normalen" Sprache, also Gesprächen und Texten, Gefühle mittels Worten übertragen.

Jeder weiß, welchen Effekt beispielsweise Beleidigungen entfalten können, wenn sie ein Mensch auf eine gewisse Art an uns richtet. Ganz abgesehen davon was passiert, wenn wir selbst die herabwürdigenden Äußerungen gegenüber anderen tätigen. Wie bereits erwähnt, macht auch hier „der Ton die Musik".

Neben Hören und Lesen von Text und Ton ist also auch Gefühl ein nicht von der Hand zu weisender Faktor zum Verstehen der Kommunikation.

Wir hatten bereits zuvor festgestellt, dass Gefühle und Gedanken sich wie Schwingungen verhalten.

Das Alles legt auch nahe, dass es leicht möglich ist, Sprache, Töne und Gefühle in einer bestimmten Weise auszunutzen.

Sie werden zum Instrument von Manipulation.

Fragt man sich, wie einfach sowas passiert, muss man sich nur erinnern: Jeder kennt wahrscheinlich eine Situation oder ein Ereignis, zu dem seine Stimmung bzw. Gemütslage durch eine bestimmte Musik noch unterstützt wurde. Bei dem einem mag es relativ harte Melodik eines Rockstücks sein, die einen Wutanfall noch unterstreicht. Ein anderer fühlt sich durch den Text einer gefühlvollen Ballade beispielsweise in seinem Liebeskummer bestärkt, weil die Textstelle absolut treffend zu sein scheint.

Voraussetzung dafür ist, dass die Sprache, in der das Musikstück verfasst ist, verstanden wird. Oder funktioniert der Informationsfluss auch zwischen verschiedenen Sprachen?

Das Zusammenspiel von Melodie, Harmonie und Text ergibt jedes Mal eine einzigartige Kombination, genau wie bei Musik.

Dabei werden natürlich auch die Schwingungen der Einzelkomponenten verbunden und ergeben ein zusammengehörendes Schwingungsbild.

Text, Melodie & Harmonie werden Eins.

Mit dieser Erkenntnis lässt sich nun auch verstehen, dass es nicht unbedingt relevant ist, ob der Text, also die Sprache, als Einzelkomponente nicht decodierbar ist.

Es bleiben schließlich noch Melodie & Harmonie übrig und damit ergibt sich der Textinhalt für den Hörer praktisch von selbst.

Die Informationen werden also sehr wohl übertragen, selbst wenn der Text nicht „verstanden" wird.

Das heißt wir nehmen den Inhalt der Musik wahr, praktisch ohne es zu realisieren. Mit dem Ergebnis, was wir eben angesprochen hatten: wir werden beeinflusst.

Ein solcher Einfluss kann sowohl positive als auch negative Auswirkungen haben.

Ein passendes Beispiel, was jeder für sich selbst prüfen kann ist die erstaunliche Gestaltung populärer Musik. Die Art, die im Radio rauf und runter läuft. „Erstaunlich" deshalb, weil sich wirklich durch und durch positive Stücke doch sehr in Grenzen halten. Zumindest, wenn man vom Großteil der populären Radiosender ausgeht.

In den meisten Fällen drehen sich die Stücke um Sex, Drogen und Herzschmerz.

Lieber Leser, du bist eingeladen, es selbst zu überprüfen. Hört man sich einmal über einen längeren Zeitraum die Musik im Radio an, wird man schnell zu einem Ergebnis kommen. Fast alle Stücke beinhalten mehr oder weniger Beziehungsprobleme, Liebeskummer, Trennungsschmerz oder Kompensation einer verlorenen Liebe. Wahrscheinlich wirst du auch noch auf eine Menge Melancholie über vergangene Zeiten stoßen. Ebenso wie ausführliche Bewertungen anderer Menschen und deren Verhalten, was an sich auch Beziehungsprobleme sind.

In seiner Gesamtheit wirkt sich das Hören von Radiomusik also höchstwahrscheinlich so aus, dass uns die permanente Beschallung mit den genannten Themen „runterzieht".

Zusätzlich entstehen durch Inhalte wie Betrug und Misstrauen zwischen Partnern auch in uns selbst die Keime zu solchen Gedanken.

Man mag der Meinung sein, dass man „ja nicht wirklich hinhöre" oder das Lied ja schließlich in einer anderen Sprache verfasst ist, die man nicht versteht. Jedoch werden diese teils negativ behafteten Inhalte immer wieder in unseren Geist eingebracht. Als ein Beispiel sei hier „Pumped Up Kicks" genannt. Hört man diesen „Sommerhit", ohne auf den Text zu achten, entsteht der Eindruck eines freudvollen und zum Tanzen animierenden Musikstücks. Der Text handelt inhaltlich allerdings von ganz anderen Themen.

Die entsprechende Übersetzung lässt sich leicht im Internet auffinden. Sofern du sie noch nicht kennst, wirst du wahrscheinlich überrascht sein.

Ein zweites Beispiel liefert die Band „Five Finger Death Punch"
mit ihrem Stück „Jekyll and Hyde".

Bereits direkt zu Beginn wird dem Hörer über den Text die folgende Information übergeben:

There's just so much God damned weight on my shoulders	Es ist einfach so viel verdammtes Gewicht auf meinen Schultern.
All I'm trying to do is live my motherfucking life	Alles was ich versuche, ist mein verdammtes Leben zu leben.
Supposed to be happy, but I'm only getting colder	Ich sollte glücklich sein, aber ich werde nur kälter.
Wear a smile on my face, but there's a demon inside	Trage ein Grinsen im Gesicht, aber da ist ein Dämon in mir.

Das wiederholende Anhören, wie bei Musik üblich, wird von unserem Gehirn als Suggestion verarbeitet. Das heißt also, als Eingabe. Man könnte auch sagen, je öfter man entsprechende Äußerungen hört, umso mehr wird unser Gehirn diese Informationen für uns manifestieren.

Im Endergebnis werden wir mit unserer Stimmung runtergezogen und weltliche Bedürfnisse werden durch gesteigertes Verlangen gepusht.

Damit ergänzt die Sprache und Musik noch viele andere Einflüsse. Insgesamt führen diese dann immer wieder zu Situationen, die uns im Leben belasten.

3   *Was uns belastet*

Mit dem so eigenen Blubbern donnert der schwere Harley-Da-
vidson-Chopper, dessen Tank in den Farben der USA-Fahne
lackiert ist, dem Sonnenaufgang entgegen.
Ein frischer angenehmer Fahrtwind streift über das Gesicht
des Fahrers, dessen Haare im Wind wehen.
Er schaut lässig über den Rand seiner „Ray Ban"-Sonnenbrille
auf das legendäre Straßenschild mit der Aufschrift „Route
66", das gerade an ihm vorbei huscht.
Ein Moment der Glückseligkeit und der grenzenlosen Freiheit,
dabei ertönt von irgendwo her der Song „Born to be wild" und
macht das Bild perfekt.
Doch es ist nicht irgendwer, der da fährt, sondern ich bin es.

Dann ein leises Klicken, dass das Bild vor meinen Augen auf-
zulösen beginnt, der Radiowecker:
„Guten Morgen meine Damen und Herren, es ist Montag der
03. November, es folgen die 6:00 Uhr Nachrichten".
Jetzt geht es los, das herrliche Bild ist wie eine Seifenblase
zerplatzt. Bomben in der Ukraine, Selbstmörder im Gaza-Strei-
fen, Viren, Tod und Terror, wieder ein paar Tausend die ar-
beitslos werden.
Ich hoffe nur, dass es mich nicht auch irgendwann einmal

trifft. Weitere dunkle Gedanken durchziehen, wie von selbst

meinen gerade erwachenden Geist.

Mein Bild vollkommener Freiheit ist vollends verschwunden.

„Das Wetter, neblig und regnerisch, vereinzelt ist mit Glatteis-

bildung zu rechnen."

Schwerfällig beginne ich aufzustehen, dabei habe ich es wie

Blei in den Knochen.

Ein letzter Blick zu meiner Frau und ich denke: schade, gerne

wäre ich noch etwas bei dir liegen geblieben.

Mühsam schleppe ich mich in die Küche und setze den Kaffee

auf.

Während er durchläuft, hole ich die Zeitung aus dem Briefkas-

ten, muss aber feststellen, dass der faule Austräger, dem ich

selbstverständlich die alleinige Schuld an meinem - nun zei-

tungslosen - Morgen gebe, immer noch nicht da war.

Na, dann schenk ich mir erst mal einen Kaffee ein. Der erste

Lichtblick des Tages.

Verdammt jetzt ist die Milch alle.

Mit Zorn denke ich an meine Frau, die noch nicht einmal an die

kleinsten Dinge denken kann. Soll ich das denn auch noch ma-

chen?

„Guten Morgen, Schatz". Mit noch verschlafenem Blick steht

sie hinter mir, nimmt sich eine Tasse, gibt mir einen flüchtigen

Kuss, schiebt mich leicht zur Seite und fragt erstaunt: „Trinkst du denn neuerdings schwarz?"

Mein Zorn sammelt sich und gerade will ich mich beschweren, da zieht sie eine Schublade auf und holt eine neue Milch hervor.

Mein noch grimmiger Blick streift den ihren, verwundert sieht sie mich an. Jetzt schaut sie traurig aus und es tut mir leid.

„Wir müssen heute Abend dringend einmal über unsere Beziehung reden", sagt sie mit vorwurfsvollem Blick, gerade als ich die Wohnung verlassen wollte, um in die Tretmühle des Alltags zu steigen.

„Dann sag doch jetzt noch schnell, was du auf dem Herzen hast" sage ich mit gehetztem Unterton, da ich eigentlich schon in Gedanken an meinem Arbeitsplatz bin.

„Nein, das dauert länger" antwortet sie und geht, um den Kleinen zu wecken.

Na wunderbar, endlich habe ich etwas, auf das ich mich „freuen" kann, denke ich wütend und schlage die Eingangstür hinter mir zu.

Ich schaue auf die Uhr. Mist, schon später als ich dachte. Schnell steige ich in mein Auto und fahre los.

Stolz bin ich ja auf meinen neuen Schlitten, wobei ich doch

besser ein kleineres Modell genommen hätte, da die monatli-
che Belastung doch ziemlich hoch ist. Schnell vertreibe ich
den negativen Gedanken und freue mich lieber über mein
Prunkstück. Man lebt ja schließlich nur einmal und was habe
ich denn sonst?

Diese und weitere aufbauende Gedanken durchfluten mein
Gehirn. Ich denke positiv, weil das ja bekanntlich glücklich
macht und glücklich wollen doch alle sein.

Darum dreht sich doch alles, denke ich, als ich gerade an der
Tankstelle vorbeifahre und sehen muss, dass das Benzin
schon wieder teurer geworden ist.

Das macht mich wirklich sauer, denn die Karre verbraucht
doch ganz schön viel. Schwups bin ich wieder mies drauf und
gar nicht mehr so glücklich. Dann muss ich bremsen. Das gibt
es doch gar nicht, gestern war doch hier noch keine Baustelle
und als ob ich nicht schon sowieso spät genug dran bin, muss
ich noch einen Umweg fahren.

Endlich habe ich meinen Betrieb erreicht und springe aus dem
Auto.

Schnellen Schrittes stürme ich auf die Stechuhr zu, dabei
greife ich fast ängstlich in die Innentasche meines Jacketts.
Puh, zum Glück habe ich den Transponder nicht Zuhause ver-
gessen.

Über was man sich alles freuen kann, denke ich, steche ab und schon wird mein Schritt wieder langsamer, denn ab jetzt wird die Zeit bezahlt. Ich schließe mein Büro auf, gehe zu meinem Schrank und beginne gerade meine Jacke auszuziehen. Eigentlich habe ich jetzt schon die Schnauze voll, weil ich in Arbeit umkomme, aber der Chef hat die Stelle meines Kollegen einfach gestrichen und ihn versetzt. Gleichzeitig wurde mein Arbeitsfeld noch ausgedehnt. Ich bin gespannt, was heute alles wieder auf mich einstürmt. Da klingelt auch schon das Telefon. Ich gehe schnell dran, weil ich denke, dass es meine Frau ist.

Es meldet sich aber die Sekräterin.

Gerade erst 7:15 Uhr. Normalerweise ist da vor 9 Uhr keiner, wieso gerade heute?

Überrascht stammele ich noch „Guten Morgen..." werde aber abgeschnitten. „Der Chef braucht dringend und sofort, blah, blah, blah.".

Ich bin ziemlich sicher, dass ich ihm den Vorgang schon habe zukommen lassen. Sie verneint das einfach.

Also gut, ich suche und suche, finde aber nichts. Was ich ja auch nicht kann, weil der Chef den Vorgang bereits hatte, ihn aber in seinem Chaos nicht finden konnte, wie sich erst viel später herausstellte.

Ich finde ihn hier also nicht und rufe an, um es zu beichten.

Kurze Zeit später wird meine Bürotür aufgerissen. Die Sekretärin stürmt mit hochrotem Kopf hinein, durchsucht meinen Schreibtisch und ich merke, wie auch mir die Ader schwillt. Natürlich findet sie ihn auch nicht und meckert noch über meine Unordnung. Ein kurzes Wortgefecht ist unvermeidlich. „Das hat Folgen für sie!", brüllt sie noch, während sie aus meinem Büro stürmt.

Mittlerweile ist der Kollege aus dem Nachbarbüro eingetroffen. Ein Single, der die Vorteile der Gleitzeit voll ausnutzen kann, und fragt:

„Mann, was ist denn heute wieder los?"

Gerade will ich es ihm erzählen, da klingelt das verdammte Telefon schon wieder. Kurz krächzt eine Stimme, die ich gerade erst noch live vernommen hatte: „Der Chef will Sie um 14 Uhr in seinem Büro sprechen, seien Sie bitte pünktlich." Von diesem Moment an habe ich keine Lust mehr irgendetwas zu machen. Meine Motivation ist auf dem Nullpunkt angekommen.

Jetzt eine Zigarette, das wäre es. Allerdings herrscht hier seit kurzem Rauchverbot. Ich stelle mich ans geöffnete Fenster und stecke mir eine an. Dabei erscheint mir der Cowboy auf der Schachtel erstaunlich erstrebenswert. Er verspricht mir beim Genuss des Glimmstengels das Gefühl von Freiheit.

In diesem Moment kommt ein weiterer Kollege über den Hof gelaufen. Es ist der militante Nichtraucher und er meckert mich sofort an, ob ich die Vorschriften nicht endlich einhalten könnte.

Normalerweise hätte ich mich jetzt mit ihm angelegt, aber schweigend werfe die Zigarette weg. Ärger habe ich heute ja wahrlich schon genug.

Ich schließe das Fenster und nehme einen erneuten Anlauf ins Tagesgeschäft einzusteigen, eine Zeitlang jedenfalls. Dann denke ich wieder an die Termine; die mir heute noch bevorstehen: Chef und Frau.

Kopfschmerzen machen sich pochend in meinem Schädel breit und ich suche erst einmal eine Tablette.

Gott sei Dank, die Schmerzen lassen nach.

Ein bewusster Blick zur Uhr zeigt mir, dass ich mein Pensum nicht geregelt bekommen werde. Nervös hämmere ich auf meinem PC herum, ohne mit meinen Gedanken bei der Sache zu sein. Kurz darauf stelle ich erschrocken fest, dass ich einen Eingabefehler gemacht habe und zu meinem Abteilungsleiter muss. Nur er hat die Befugnis, den bereits abgespeicherten Bearbeitungsfall wieder aus dem System zu löschen.

So gestört zu werden, macht ihn sauer und er tadelt mich,

endlich konzentrierter zu arbeiten. Ich wurschtele eine Entschuldigung heraus, die er aber nur abwinkend zur Kenntnis nimmt. Als ich sein Büro verlasse, weiß ich einfach, dass er mir diesen Vorfall bei nächster Gelegenheit wieder vorhält.

Der Vormittag zieht sich, aber zum Glück endet er ohne weitere wesentliche Vorfälle.

Endlich Mittagspause. Gerade will ich gehen, da erscheint wieder einer, der unbedingt jetzt etwas von mir braucht. So langsam reicht es mir und ich fauche ihn an, ob er nicht hätte früher vorbeikommen können. Das bringt mir umgehend eine weitere Grundsatzdiskussion ein.

Dann endlich steche ich zur Pause ab. Hunger habe ich keinen, denn der Termin mit dem Chef rückt näher. Ich rauche lieber noch eine im Hof.

Gerade habe ich sie angezündet erscheint wieder, wie aufs Stichwort: der Nichtraucher. Sofort will er erneut seinen Mund zu einer Bemerkung über Raucher aufreißen, da trifft ihn mein ganzer Frust. Obwohl wir kurz vor einer handgreiflichen Auseinandersetzung stehen, siegt im letzten Moment doch noch die Vernunft. Ich drehe mich um und lasse ihn einfach stehen.

Ich sitze wieder an meinem Schreibtisch und eigentlich hätte ich alle Hände voll zu tun, aber ich schaue ständig zur Uhr. Kurz vor 14 Uhr mache ich mich auf den Weg zum Chef.

„Gehen Sie rein, er erwartet Sie schon", geifert mich seine Sekretärin wie ein scharfer Rotweiler an, als ich das Vorzimmer betrete. Ich klopfe an seine Bürotür und von drinnen ertönt eine scharfe Stimme „Ja, bitte", also trete ich ein. Wie der Groß-Inquisitor persönlich sitzt er hinter seinem Schreibtisch und lauert mich an, als wolle er mich auf direktem Wege in die Hölle schicken. „Bitte, nehmen Sie Platz", sagt er. Sein Unterton besagt nichts Gutes, also setze ich mich.

In diesem Moment zieht er die gesamte Palette auf mich ab: „Also so geht es nicht weiter, sie sind unordentlich, unkooperativ" usw. Alles diese Un-Worte, die mir zeigen sollen, wie inkompetent ich doch bin.

Verzweifelt versuche ich mich zu verteidigen, doch er lässt mir keine Chance. Er faucht und spricht von Konsequenzen und meiner letzten Chance, bevor er mich feuert.

Jetzt werde ich nervös. Um Gottes Willen, arbeitslos schießt es mir durch den Kopf.

Existenzangst überfällt mich, denn ich bin schon fast vierzig und würde so schnell bestimmt keinen neuen Job finden.

Hartz IV droht mir bestimmt. Was sagt meine Frau? Verlässt sie mich dann? Wir haben doch in der letzten Zeit sowieso schon häufig Streit, weil das Geld kaum langt.

Die teure Wohnung, das Kind braucht auch laufend was

Neues, Urlaub muss doch auch sein und dann das neue Auto.

Das wirft sie mir doch sowieso laufend vor.

Naja, sie hat ja Recht, es war auch zu teuer, aber was nützt es jetzt? Ich werde es weit unter Wert verkaufen müssen, während die Zinsen vom Kredit noch weiterlaufen.

Privatinsolvenz. Bei diesem Wort zieht sich alles in mir zusammen. Ich sacke in mich zusammen, werde immer kleiner.

Jetzt nur noch den Job behalten, ich lasse den Wutausbruch meines Chefs wehrlos über mich ergehen.

Was er herumbrüllt, bekomme ich sowieso nur noch wie durch einen dumpfen Filter mit. Er wächst immer mehr. Während ich immer kleiner werde, will er zum vernichteten Finalschlag ausholen.

Um seine Worte zu unterstützen, knallt er eine Akte, die auf dem Berg seines Schreibtisches lag, vor mir auf den Tisch.

„Aber das ist doch der von Ihnen gesuchte Vorgang" sage ich, als ich überrascht feststelle, was er gerade in seiner Hand gehalten hat.

„Wie, was? Erstaunt sieht er auf die Akte, „Äh, na gut, dann hat sich die Angelegenheit für Sie erledigt."

Das bedeutet mit anderen Worten: „Los verschwinde!".

„Allerdings sollten Sie sich meine Worte noch einmal gut überlegen!" Ich nicke: „Selbstverständlich, Sie haben ja recht." höre

ich mich noch sagen, während ich sein Büro verlasse. Ich

schließe seine Tür und betrete den Flur.

Die Worte, die mir in Erinnerung bleiben sind nur drei, nämlich:

„Ihre letzte Chance".

Gerade will ich zurück in mein Büro, da steht mein Abteilungs-

leiter mit strenger Miene hinter mir: „Wo waren Sie denn wie-

der so lange?" fragt er mit einem Unterton, der mir nicht ge-

fällt. „Ich hatte einen Termin beim Chef" antworte ich wahr-

heitsgemäß.

„Gut, ich hoffe nicht, dass das öfters vorkommt, aber wenn,

dann melden Sie sich ab!" sagt er, dreht sich um und geht.

„Selbstverständlich, entschuldigen Sie bitte", rufe ich ihm

nach, während er wieder abwinkend in seinem Büro ver-

schwindet.

Ich lasse mich, völlig leer und ausgebrannt, auf meinen Stuhl

fallen. Ich fühle mich elend und versuche mich zu beruhigen.

Gleich habe ich es bis zum Feierabend geschafft. Jetzt klingelt

wieder das Telefon, etwa wieder der ständig etwas suchende

Chef?

Es ist meine Frau, die mich an unser Gespräch erinnern will.

„Nein, ich habe es nicht vergessen", sage ich schnauzend und

knalle den Hörer auf, was mir gleich danach wieder leidtut.

Ein Blick zur Uhr: endlich Feierabend, da klingelt das Telefon erneut. Wenn ich jetzt abhebe, komme ich nicht pünktlich nach Hause, was Ärger mit meiner Frau bedeutet. Hebe ich nicht ab, bekomme ich wahrscheinlich Ärger mit dem Chef. Ich entschließe mich abzuheben, denn sonst ist morgen wieder die Hölle los.

Es ist wieder das Vorzimmer des Chefs, man braucht dringend und sofort wieder etwas.

Die Uhr vor Augen, fange ich an, wie ein Verrückter zu suchen.

Nein nicht schon wieder, ich finde es nicht.

Panik steigt in mir auf, was soll ich nur tun?

In diesem Moment klingelt das Telefon erneut, es hat sich erledigt. Der Chef hat einen wichtigen Termin, aber morgen früh bitte vor 8 Uhr!

Soll ich weitersuchen? Zuhause gibt es doch sowieso Ärger, weil ich zu spät bin.

Lieber nicht weitersuchen, stattdessen gehe ich zur Stechuhr, steche ab und verschwinde.

Ich haste zu meinem Auto und verlasse den Betrieb so schnell ich kann.

Jetzt hat mich der zähe Feierabendverkehr fest in seinem Griff.

Die ganzen PS meines Autos nützen mir jetzt gar nichts. Im Schneckentempo geht es durch die Stadt.

Aus meinen Lautsprechern ertönt „Highway to Hell" von AC/DC. Ich fühle mich genau so, als ob ich auf diesem Highway wäre.

In diesem Augenblick schneidet ein anderer Wagen meine Spur, ich hupe erbost und der andere zeigt mir den gestreckten Mittelfinger.

Wie von Sinnen versuche ich ihm zu folgen und male mir im Geist aus, wie ich ihn fertig mache.

Kurze Zeit später muss ich jedoch abbiegen und erwische den Dreckskerl dadurch nicht mehr.

Endlich zuhause denke ich, während ich auf dem Parkdeck mein Auto abschließe und zur Wohnungstüre gehe.

Meine Frau öffnet, bevor ich aufschließen kann. „Da bist du ja endlich. Du weißt doch, dass der Kleine einen Arzttermin hat!"

Nein, wusste ich nicht mehr, aber jetzt wieder.

Kurze Zeit später sitzen wir wortlos im Auto. Der Verkehr ist noch stärker geworden und die Fahrt geht ans andere Ende der Stadt. Der Kleine quengelt, die Frau schaut finster vor sich hin und im Radio läuft: „What a wonderful World". Nachdem wir den Arzttermin nach stundenlanger Wartezeit (wozu machen die denn überhaupt noch Termine?), endlich hinter uns gebracht haben, sind wir wieder zuhause angekommen.

Zum Glück ist bei dem Kleinen alles in Ordnung. Nur bei uns nicht, jedenfalls dem Blick meiner Frau nach zu urteilen. Sie wärmt das Abendessen auf und nachdem wir gegessen haben, spült sie ab.

Währenddessen wartet bereits unser schon schwänzelnder Hund auf mich und fordert sein Recht ein. „Soll ich mitgehen?" fragt meine Frau. „Nein, lass nur, ich gehe schon" gebe ich zur Antwort, leine den Hund an und verlasse das Haus.

Als mein vierbeiniger Freund ganz aufgeregt an jedem Baum schnüffelt und seine Geschäfte verrichtet, fliegt ein Flugzeug über mich und ich wünsche mir darin zu sitzen.

Doch stattdessen trete ich den Heimweg an. Als ich die Treppen nach oben steige, geht mir das Udo Jürgens Lied „Ich war noch niemals in New York" durch den Kopf und ich beginne, es vor mich hinzusummen. „Schön, dass du so gut gelaunt bist" sagt meine Frau, die mich bereits an der Tür erwartet. „Dann können wir ja jetzt über unsere Probleme reden".

Ich schaue zur Uhr, es ist gleich 8 Uhr. Okay, die Nachrichten kann ich abhaken, aber den Film danach würde ich gerne sehen, vielleicht klappt das ja. Irgendwie weiß ich aber, dass das nur ein Wunsch bleiben wird.

„Erst bringe ich den Kleinen zu Bett, warte bitte auf mich.", sagt sie. Ich nehme mir also ein Bier, schenke mir einen Whiskey

ein, schalte den Fernseher an und setzte mich in meinen Sessel.

Gerade beginnen die Nachrichten: Bomben im Irak, Gewerkschaften finden keine Annäherung mit Arbeitgebern, Union beschließt Mehrwertsteuererhöhung auf 22%, Familienvater löscht gesamte Familie aus und begeht danach Selbstmord, etc.

Wieder nur negatives, keiner weiß mehr, was werden soll.

„Muss das denn sein?"

Ich fahre erschrocken herum, meine Frau sieht mich mit vorwurfsvollem Blick an. „Was meinst du?" frage ich. „Na, dass du schon wieder trinken musst und die Glotze läuft auch schon wieder. Wir wollen uns doch unterhalten!"

Ich mache den Fernseher aus und leere mein Whiskyglas mit einem Zug.

Sie beginnt: „Ich kann nicht mehr, ich habe den Hund, die Wohnung, muss den Kleinen zum Kindergarten bringen und abholen, ihn danach versorgen und spielen soll ich mit ihm auch. Waschen, Bügeln, Kochen, Abwaschen, alles bleibt an mir hängen und wenn du nach Hause kommst, hast du Feierabend. Dann setzt du dich an den gedeckten Tisch und maulst auch noch, dass es dir wieder mal nicht schmeckt. Und wenn du nach dem Essen noch einmal mit dem Hund gehen sollst,

*schreist du noch mit dem armen Kerl herum. Dabei warst du
es, der ihn unbedingt haben wollte und ich soll jetzt die
Dumme sein? Ich habe hier einen 24/7-Job, aber wenn ich mir
auch einmal etwas kaufen will, ist nicht genug Geld da. Nur für
deine Protzer-Karre, da hast du Geld gehabt! Die Kiste hängt
uns wie ein Mühlstein um den Hals. Ich brauche auch mal Urlaub und demnächst eine neue Küche. Sieh mal zu, wie du das
bei unseren Belastungen hinbekommen willst. Aber anstatt dir
noch nebenbei etwas dazuzuverdienen, wie andere es auch
machen, hockst du entweder Bier saufend vor der Glotze
oder gehst irgendeinem deiner Hobbys nach. Deswegen läuft
auch im Bett nichts mehr. Ich will keinen Mann, der solch ein
Egoist ist und der noch nicht einmal mit mir redet. Ich habe
keine Lust mehr, mein Leben so zu vergeuden. Entweder du
änderst dich oder ich nehme den Kleinen und verschwinde
hier!"*

*Langsam verspannen sich meine Hände fest um die Bierfla-
sche. Ich kämpfe mit meiner aufsteigenden Wut und denke:
„Was weißt du schon? Was ist dein Haushalt gegen meine
tägliche Unterdrückung im Büro?"*

*Endlich steht sie auf. Wortlos geht sie ins Badezimmer, um
sich für die Nacht fertig zu machen.*

Endlich vorbei, denke ich und schaue zur Uhr, es ist 21:30 Uhr.

Ich schalte den Fernseher ein, um mich noch ein wenig abzulenken und vielleicht noch einmal für kurze Zeit in eine andere Welt zu entfliehen.

Die Tür wird noch einmal geöffnet, ihr Kopf kommt um die Ecke und sagt mit scharfem Ton: „Wie oft habe ich dir Ferkel schon gesagt, dass du dich beim Pinkeln setzen sollst? Wehe wenn du wieder den Boden vollgespritzt hast. Dann kannst du deine Sauerei allein wegwischen!"

Ohne meine Verteidigung abzuwarten, schließt sie die Tür, um endgültig ins Bett zu gehen.

Jetzt endlich kann ich noch den Rest des Filmes sehen. Es geht um einen Häftling, der von dem Gefängnisdirektor ständig gequält wird und dennoch unbeugsam ist, soviel weiß ich schon aus der Programminfo. Ich höre gerade, wie der Direktor zu dem Gefangenen sagt: „Wenn du es überhaupt überlebst, verlässt du meinen Knast als menschliches Wrack, doch ich werde es so drehen, dass du nie wieder hier rauskommst."

Oh Gott, wie schlimm ist das: nie wieder frei sein, denke ich und bemerke in diesem Moment, wie frei und glücklich ich doch eigentlich bin.

Der Gefangene sieht dem Direktor tief in die Augen und antwortet: „Du kannst mit mir machen was du willst, denn ich bin hier drin freier als du es da draußen jemals werden kannst."

Das erschreckt mich etwas. Wie kann einer unter solchen Schikanen frei sein?

Ich schalte den Fernseher ab, trinke mein Bier aus, rauche am Fenster noch eine Zigarette. Was ich eigentlich auch nicht darf, weil in der Wohnung wegen der Tapeten und des Gestanks nicht geraucht werden soll.

Jedenfalls haben „wir" das so beschlossen.

Danach gehe ich ins Bad, wasche mich und putze meine Zähne. Dabei muss ich aber aufpassen, dass ich den Spiegel nicht versaue.

Mit einer großen Überwindung setzte ich mich auf die Toilette, um noch einmal Wasser zu lassen. Dabei komme ich mir irgendwie erniedrigt vor, aber Hauptsache, es ist nichts „vollgespritzt" und sie sieht meinen guten Willen.

Langsam schleiche ich ins Schlafzimmer und schlüpfe vorsichtig in mein Bett.

Ihr leises Schnarchen nervt mich zwar, doch ich versuche es auszublenden. Was mir auch irgendwann gelingt.

Beschweren darüber sollte ich mich nicht, da ich selber, wie sie sagt „Säge, wie ein Holzfäller"

Ich versuche einzuschlafen, aber irgendwie gelingt es mir nicht so gut wie sonst.

Immer wieder höre ich die Sätze des Gefangenen aus dem

eben gesehenen Film.

Weg mit den schlechten Gedanken, in nur vier Tagen ist ja schon wieder Wochenende und dann lebe ich meine Freiheit aber so richtig aus.

Freitag nach Feierabend gehen wir einkaufen. Danach noch in dieses langweilige Rentnercafé. Wie meine Frau sagt, haben sie dort den besten Kaffee, also meinetwegen.

Zuhause noch alles wegräumen und mit dem Hund Gassi gehen, aber dann geht es los.

Wir treffen uns mit Freunden und erzählen über unsere Träume und Wünsche. Darauf habe ich mich schon die ganze Woche gefreut. Nur mit dem Alkohol sollte ich mich zurückhalten, weil meine Frau das nicht mag. Ach was, wir werden ja sehen.

Samstagvormittag steht ganz klar Autopflege auf dem Programm. Da werden die anderen an der Waschstraße aber wieder neidisch schauen, wenn ich mit meinem Schlitten vorfahre.

Mittags ist dann Fußball angesagt. Am besten, ich gehe dafür in meine Stammkneipe. Dort kann ich in Ruhe mein Bier trinken und mit meinen Kumpels diskutieren.

Abends gehe ich dann mit ihr essen, damit die Gute auch was von mir hat.

Sonntags wird sowieso länger geschlafen und am Nachmittag besuchen wir meine Schwiegermutter.

Danach gibt es noch Lindenstraße und Tatort, aber dann geht's sofort ins Bett, damit ich am nächsten Tag auch fit bin für die Arbeit.

Jetzt werde ich so richtig müde und die Augen fallen mir zu. Langsam höre ich das Blubbern der Harley, die mir wie aus einem Nebel erscheint. Kurz darauf fahre ich im hellen Sonnenschein mit einer tollen Braut auf dem Schoß wieder auf der „Route 66". Also macht's gut und „Born to be Wild" bis morgen früh.

Na, wie hat dir das gefallen?

Ja, vielleicht ist es ein wenig übertrieben, aber glaubst du nicht auch, dass es sich genauso in Millionen Haushalten hierzulande abspielt? Wenn du nichts davon kennst, bist du mit Sicherheit einer der wenigen Glücklichen, die eigentlich jeden Tag ihrem Schöpfer danken sollten.

Hand aufs Herz, die meisten von uns erkennen sich in der einen oder anderen Art wieder, oder kennen zumindest Paare, bei denen es sich so abspielt.

Natürlich geben das die wenigsten zu, weil sie alle ja sowieso frei und glücklich sind, wenn man sie fragt.

Der Alltag ist aber selten immer so sonnig.

Na wenn schon, es gibt doch überall Stress, oder?

Ja richtig, aber oft sind wir selbst daran schuld und dieses Beispiel soll mir auch nur dafür dienen, dir ein paar Einblicke in die Situation vieler Menschen zu geben.

In diesem Kapitel werden wir noch auf einige weitere Beispiele treffen, die mögliche Alltagssituationen beschreiben. Wir nehmen dazu auch verschiedene Blickwinkel ein.

Versuche am besten all die Dinge, auf die wir bereits zu Beginn eingegangen sind mitschwingen zu lassen, während du die Beispiele liest. Der ein oder andere mit sehr guter Vorstellungskraft kann sich vielleicht sogar in unsere Protagonisten ganz hineinversetzen.

Du wirst erstaunt sein, welche Zusammenhänge du feststellen kannst.

3.1 Der Alltag

Wenn wir in unserem so treffend bezeichneten Alltags**rhyth-mus** einmal stehen bleiben oder ein besonderer Vorfall uns zum Stehenbleiben zwingt, hört man oft den Satz: Ich bin ist aus der Bahn geworfen worden. Dieser Satz fasst die Situation gut zusammen. Wir erkennen dann, dass wir uns selbst unserer freien Instinkte und Emotionen beraubt haben und ähnlich wie Roboter unseren Alltag bestreiten. Den ganzen Tag rennen wir, wie ein Hamster in seinem Rädchen umher und beschweren uns, dass wir nirgendwo wirklich hinkommen, oder besser gesagt **nirgendwo ankommen**.

Wir arbeiten z.B. in einem Job, der uns eigentlich gar keine Freude macht.

Aber warum haben wir keine Freude an dem, was wir tun? Haben wir uns denn nicht unsere Berufe selbst ausgesucht? Oder haben die Eltern uns erst mal die Flausen (Träume) aus dem Kopf getrieben und uns auf den **richtigen** Weg geführt?

Wir alle haben doch gelernt, studiert, ja sogar einen Teil der Jugend geopfert, und vielleicht sogar Entbehrungen hinnehmen müssen.

Gerade bei Studenten und Auszubildenden trifft das oft zu. Während die Freunde tolle Autos fahren und tolle Urlaube verbringen, quält man sich selbst noch mit dem BAföG herum und muss irgendwelche Jobs für ein paar Cent annehmen. Alles, während andere sich vergnügen. Man denkt: „Wartet nur ab, später einmal werde ich es euch schon zeigen!".

Was, wenn dann das erste Ziel erreicht ist? Man Bewerbungen geschrieben und sich beim Arbeitgeber vorgestellt hat? Sich darüber gefreut hat, dass es endlich geklappt hat und man von nun an sein Leben „frei" gestalten kann?

Müsste man nicht endlich zufrieden sein?

Da der Mensch an dem, was er erreicht, hat leider sehr schnell überdrüssig wird, sehnt er sich sogleich nach anderen Zielen. Weil es ihm ja jetzt gut geht, muss zum einen der persönliche Lebensstandard und das eigene Prestige ausgebaut werden. Zum anderen muss auch darauf geachtet werden, diesen Lebensstandard genügend abzusichern.

Doch was bewirkt das neu gewonnene Sicherheitsdenken, dass man mit all seinen Neuanschaffungen gleich mit erworben hat? Was bewirken die Kredite für die Eigentumswohnung, das Haus, Auto, Motorrad oder vergleichbare Anschaffungen in dieser Größenordnung?

Haben diese Dinge den Menschen nicht von seinem Job immer abhängiger gemacht?

„Mein Job ermöglicht mir ein sorgenfreies Leben. Deshalb nehme ich alle Arbeit, die damit verbunden ist, halt in Kauf." In dieser Aussage verbirgt sich eine gut getarnte Lebenslüge und eine große innere Unzufriedenheit.

Mit Ausgaben, die das persönliche Budget übersteigen, wird das Leben keinesfalls sorgloser sein. Das Gegenteil ist der Fall. Man schuftet wie ein Verrückter, um die Schulden zu bezahlen. Doch anstatt aus dem Fehler zu lernen, folgen wir nur zu gerne der Werbung und **kaufen** uns wieder glücklich.

Oh du schöne Welt des Konsums, in der du uns genau zeigst, was uns noch zu unserem Glück fehlt: Ich begehre dich, du wunderschönes neues Auto, neues Haus, bessere Sicherheit. Genau diesen Gedanken vermittelt uns die Werbung in unserem beliebtesten Medium: dem Fernseher.

Begehren als Motivation zum Kauf einer Ware beginnt damit, dass man sie täglich sieht, bis sie einen nicht mehr loslässt. Man wird nur glücklich mit tollen Sachen, die man dauernd gesehen hat, sich aber in keinster Weise leisten kann.

„Außerdem wollte ich die eine bestimmte Sache sowieso schon immer haben, und ich arbeite ja auch hart. Da werde ich mir auch einmal etwas leisten können. Ich lebe ja schließlich nur einmal und außerdem hat jeder Verpflichtungen und Schulden.". So klingen dann die Konsumenten. Besonders häufig bespricht man diese Argumente aber mit einer einzigen Person: sich selbst.

Ist dir aufgefallen, wie oft das Wort „ich" in den letzten Sätzen in Kombination mit Ausreden gefallen ist, die das eigene Tun vor sich selbst rechtfertigen sollen?

Die Spirale der manipulativen Beeinflussung hat einen genau dann erfasst. Ob man es will oder nicht: man ist nicht mehr Herr über das eigene Leben.

Diese Art des Denkens wird wahrscheinlich das ganze Leben lang begleiten und belasten. Die resultierenden Folgen würde ich, dramatisch beschrieben, nicht mehr Leben nennen, sondern reine Existenz.

Es ist doch merkwürdig, dass man in unseren Sphären von einer „Existenzgrundlage" spricht. Die scheint uns wichtiger zu sein, als das Leben an sich. Wir bemerken zwangsläufig wie wichtig unsere Arbeit, also unser Job, für unser Dasein ist und klammern uns an ihn, wie an den berühmten rettenden Strohhalm. Viele sogar bis ins hohe Rentenalter. Falls dieses überhaupt erreicht wird. Einige sterben bereits weit vorher. Das Sterben vieler Menschen basiert nicht zwangsläufig auf Alter und Krankheit. Vielmehr sterben sie, weil sie unglücklich und alleine sind. Wir werden noch sehen, zu welcher Gefahr unsere Gedanken werden können. Für den Moment bleiben wir noch beim Alltag.

Wir tun alles dafür, um uns Dinge zu leisten, die höchst wahrscheinlich in ein paar Jahren gemeinsam mit unseren unerfüllten Träumen von einem Leben voller Abenteuer und Romantik auf dem Müll landen.

Jeder von uns wird sich an einige seiner Kindheitsträume erinnern können. Sei es Baggerfahrer zu werden oder Astronaut, oder die ganze Welt zu sehen. Ich wage zu behaupten, dass viele von uns wenige ihrer Kindheitsträume vollständig verwirklicht haben. In unserer Phantasie haben wir uns wundervolle Bilder ausgemalt. Mit dem Altwerden wurden diese Vorstellungen aber zunehmend unterdrückt. Bis schließlich von „Vernunft" die Rede war. Kurz zusammengefasst lässt sich sagen: Phantasie existiert nicht mehr. Sie wird vom schwarzen Moloch unseres Alltags zerstört.

Mühe / Stress

Jeder von uns kennt aus eigener Erfahrung, dass manchmal Dinge, die normalerweise einfach von der Hand laufen, einfach nicht mehr gelingen wollen.

Man wirkt unsicher, stammelt auf einfach Fragen zusammenhanglose Antworten daher. Ähnlich einer Prüfung, bei der das Gelernte oder Eingepaukte plötzlich nicht mehr abrufbar ist.

In diesen Fällen hat sich der Ausdruck „Blackout" eingebürgert. Ich halte das allerdings für eine sehr unbefriedigende Antwort auf einen geistigen Ausfall. Es umschreibt auf einfache Weise nichts anderes als ein Versagen, das unter Umständen üble Folgen haben kann. Finanzieller oder existenzieller Art, um genau zu sein. Das Phänomen zeigt sich immer auf eine ganz typische Art.

In jedem Fall sind erst einmal alle anderen schuld.

Prüfer zum Beispiel, egal ob beim Staatsexamen oder bei der Führerscheinprüfung, sind immer wieder gerne Opfer des Zorns einer Person, die ihr Ziel leider nicht erreicht hat. Die nicht bestandene Prüfung führt gern zum Konflikt mit dem Prüfer.

Sicher spielt die Sympathie bzw. die Antipathie zwischen Prüfer und Prüfling eine große Rolle. Ich möchte hier gar nicht den

Versuch machen den Prüfer als fehlerlose Lichtgestalt erscheinen zu lassen, denn er ist auch nicht anders als du: ein Mensch eben.

Ein Mensch, mit all seinen subjektiven Vorlieben oder Ablehnungen, der vielleicht gerade heute einen rabenschwarzen Tag erwischt hat. Schauen wir also, was sich vielleicht ereignet. Kann sein, dass er heute Streit mit einem Vorgesetzten oder dem Lebenspartner gehabt hat, oder ihn momentan Stress oder körperliches Unwohlsein plagen. Vielleicht hat aber auch nur eine Person, an die du ihn erinnerst, ihm auf der Fahrt zu seiner Prüfung den Vogel gezeigt, oder ihn anders verärgert.

Nun sieht er dich, und jetzt bist du sein unbewusstes Ziel. Du betrittst den Prüfungsraum und wirkst, natürlich bedingt durch deine Nervosität, verspannt.

Diese Art der Verspannung strahlt jedoch auf dein Gegenüber etwas Bedrohliches aus und er wird dieses Signal als Feindseligkeit empfinden, gegen die er sich wehren muss. Wehe, wenn du jetzt nicht alles, was gefordert wird, weißt. Dann heißt es: bis zum nächsten Mal.

Um derartige Szenarien auszuschließen, werden bei sehr wichtigen Prüfungen, wie zum Beispiel dem Abitur, zum Teil mehrere Prüfer eingesetzt.

Hoffen wir einmal, dass alle Prüfer in sich tadellos sind, dich rein objektiv beurteilen und dir nett und verständnisvoll, keineswegs ablehnend begegnen, oder dich durch ihr Verhalten einschüchtern.

Dennoch beginnst du innerlich zu glühen. Eine totale Leere macht sich in dir breit.

Du bringst keinen zusammenhängenden Satz heraus und kein Wort findet seinen Weg auf das bedrohlich wirkende, weiße Blatt Papier. Es liegt immer noch gähnend leer vor dir.

Du hast Blei in deinen Armen und Beinen und bist zu keinem einzigen klaren Gedanken mehr fähig.

Jetzt muss das Blackout-Syndrom herhalten.

Das klingt auf alle Fälle besser als „Versagen".

Genau darum geht es in diesem Moment. Bloß nicht versagen.

Falls du, lieber Leser, dich gerade etwas darüber ärgerst, dass es sich so liest wie ein Ratgeber für Jugendliche, und du doch bereits deinen Führerschein und deine Ausbildung lange hinter dir hast, solltest du dir einmal überlegen, wie einfach das Gelesene in deinen Alltag transportiert werden kann.

Könnte der angesprochene Prüfer nicht dein Vorgesetzter, oder gar dein Chef sein?

Derjenige, der dir gerade schreiend mit rotem Kopf, Inkompetenz unterstellt, weil du einen Fehler gemacht hast, oder er dir diesen vielleicht ungerechter Weise nur unterstellt hat?

Obwohl du dir sicher bist, dass du nichts dafür kannst, wirst du genau jetzt unsicher und beginnst zu stottern. Das führt wiederum dazu, dass er immer lauter und beleidigender wird.

Er wird also immer größer und du immer kleiner. So klein, dass du dich jetzt wirklich als Versager fühlst, weinend aus seinem Büro rennst, oder dich mit gesenktem Kopf nach der kompletten Predigt herausschleichst.

Danach ist die Angelegenheit aber keineswegs beendet, denn in vielen Fällen geht es dann erst richtig los.

Jetzt hast du erst richtig Grund Konsequenzen zu fürchten, denn du hast ihm ja jetzt einen zusätzlichen Grund geliefert. Du hast dich als nichtbelastbar und als Prügelknabe geoutet. Genau das wird er möglicherweise in Zukunft nutzen, um dich als geeigneten Sündenbock, immer und immer wieder zur Verantwortung zu ziehen. Er hat damit einen geeigneten „Blitzableiter" gefunden: dich.

Falls du auf dieser Arbeitsstelle überhaupt noch eine Zukunft hast, ist deine Leidensfähigkeit fast grenzenlos und du bist bereit alles über dich ergehen zu lassen. Den Job zu verlieren wäre gleichbedeutend mit dem Niedergang deiner wirtschaftlichen Existenz.

Vor dir selbst rechtfertigst du dein Versagen also mit dem Begriff Blackout. So schiebst du die Verantwortung auf eine Bezeichnung. In Wahrheit hast du aber ganz einfach versagt. Versagt vor deinem eigenen Ideal. Wir hatten zu Beginn erkannt, wie wir uns Idealbilder von uns und unserem Leben erschaffen. Ebenso, wie wir danach streben diese Ideale zu erreichen. Gleichzeitig haben wir Angst davor unsere Ziele nicht zu erreichen, wie z.B. unsere Existenzgrundlage. Diese Angst nennt sich Versagensangst.

Ergibt es sich dann, dass wir durch zu hohe Belastung eine Störung in unserem Idealbild erleben, werden wir oft panisch. Angst, Panik und Stress steigern sich dann gegenseitig bis der Geist „aufgibt", also **versagt**.

Diese inneren Probleme anzugehen bedarf es allerdings Ehrlichkeit zu sich selbst. Durch die Abgabe der Eigenverantwortung an Begriffe und versuchte Erklärungen, wie „Blackout" betrügen wir uns nur selbst. Stattdessen müssen wir die Ursachen ergründen. Erkennen wir die Ursache wahrhaftig, kann und wird die Auswirkung verschwinden.

Es gilt daher Vorsicht. Eine permanente Belastung durch eine solche stressige Arbeit, wie in unserem Beispiel, oder ein gestörtes soziales Umfeld kann schwerwiegende Folgen haben.

Nicht umsonst ist beispielsweise Depression heute eine der häufigsten Volkskrankheiten.

Diese schlimme Krankheit der Seele, die meist stressbedingt, langsam in dir entsteht, solltest du keinesfalls mit abfälligen Bemerkungen wie: „Sowas kriegen nur gestörte Menschen" für dich ausklammern.

Wenn du wüsstest, wie viele, die wir beraten haben, darunter leiden. Du würdest dich wundern.

Ebenso vielfältig wie die Menschen an sich sind, so können auch Einflüsse und Stressfaktoren die unterschiedlichsten Formen annehmen.

So kann auch der resultierende Umgang mit Stress sich deutlich unterscheiden.

Stressabbau – Direkt

Es gibt „direkte" Wege mit Stress umzugehen.

Warum zum Beispiel, sehen die meisten Männer ein Fußball-spiel am liebsten im Stadion, oder wenigstens mit mehreren Gleichgesinnten in der Stammkneipe?

Die Antwort liegt auf der Hand.

Es ist der Abbau von Stress und das Ausleben von Emotionen in der Gruppe von Gleichgesinnten. Wir haben zu Beginn des Kapitels schon gesehen, mit wie vielen Dingen der Alltag uns konfrontiert. Entsprechend dazu wirkt auf uns emotional eine Belastung.

Im Stadion kann man sich die Lunge aus dem Hals schreien. Das baut Spannungen ab. Was für eine Befreiung!

Zwar ginge das auch ohne Spiel und Stadion, aber wer würde schon so mir nichts dir nichts plötzlich anfangen in der Öffent-lichkeit loszuschreien? Wahrscheinlich eher niemand.

Ein großer Teil der direkten Wege zum Stressabbau haben mit Sport zu tun. So gibt es Menschen die gerne Laufen, Klettern, oder Seilspringen. Durch die körperliche Anstrengung können sie ihrem Stress eine Richtung geben und so ausleben. An-stelle der sportlichen Ambitionen tritt demnach das direkte Ziel Alltagsstress abzubauen in den Vordergrund. Andere Men-schen brauchen dagegen ein noch direkteres Mittel. Die Wahl fällt dabei gerne auf Kampfsport. Für den Umgang mit Alltags-belastungen und daraus resultierenden Gefühlen von Frust, Aggression, Ärger und manchmal auch Unterdrückung, liefert Kampfsport ein optimales Ventil. Die besonderen Merkmale eines Kampfsports haben wir in Band eins genau beleuchtet. Eines davon war der Wettkampfgedanke. Beim Kämpfen, oder besser gesagt Kräftemessen, werden Instinkte angesprochen. So zum Beispiel der menschliche Kampf und Überlebenstrieb im Angesicht einer drohenden Gefahr. Die Gefahr ist im Wettstreit das Verlieren und die Möglichkeit verletzt zu werden. Es lässt sich also die Energie optimal für einen Zweck verwenden und so „loswerden".

Das Feld der Möglichkeiten direkt Stress abzubauen ist selbstverständlich noch viel größer, als unsere kurzen Beispiele.

Für jede Situation findet sich also ein Ventil, um den eigenen Gefühlen freien Lauf zu lassen und sie zum Ausdruck zu bringen.

Gemein haben diese Methoden zum aktiven Stressabbau alle eines: sie befassen sich nur mit dem Symptom Stress und seinen Folgen. In keinem Fall wird die Ursache von allem betrachtet. Wir beachten nicht, dass es hinter dem Stress noch weitergeht. Unser Problem heißt Stress und die Lösung sind unsere verschiedenen Methoden dagegen.

Dennoch: hätte man keine Möglichkeit unterdrückte Emotionen auszuleben, wären die Folgen enorm. Aufgestaute emotionale Lasten wirken in uns. Von unerklärlichen Stimmungsschwankungen bis hin zu körperlichen Folgen, wie Krankheiten können sie sich dann äußern.

Der Umgang mit solchen Emotionen und Stress hat am Ende natürlich auch auf die zwischenmenschliche Kommunikation deutlichen Einfluss. Emotional belastete Gespräche führen nicht selten zu Missverständnissen.

Wir hatten bereits zu Beginn festgestellt, dass die Art und Weise von Äußerungen eine signifikante Einwirkung auf den Empfänger einer Nachricht haben kann.

Bevor wir näher darauf eingehen, betrachten wir noch das Gegenstück zur aktiven Stressbewältigung.

Stressabbau – Indirekt

Als Gegenstück zu direktem Stressabbau gibt es auch einige indirekte Methoden.

Genauso, wie beim direkten Part spielt auch hier wieder Sport eine große Rolle. Diesmal sind es eher Bewegungssportarten und Gemeinschaftssportarten. Motiviert sind sie durch das persönliche Wohlbefinden allgemein, nicht durch die aktive Motivation Stress abzubauen. Der Spaß und der Austausch mit Freunden steht im Vordergrund. Wenn man so will, ist der Stressabbau dann der positive Nebeneffekt. Er passiert quasi automatisch. Allerdings stellen wir sehr wohl fest, dass unser Stresslevel sinkt.

Insbesondere bei Gemeinschaftssport, wie Volleyball oder Handball steht vornehmlich die gemeinsame Interaktion im Vordergrund. So ist es auch beim Fußball, nur diesmal aus Sicht der Spieler. Das Gruppengefühl und die Gemeinschaft lassen Anspannung und Stress „indirekt" entweichen.

Solche sozialen Gruppen sind in ihrer Größe variabel. Schon ein Freund, oder eine Freundin reicht für uns aus. Sozial deshalb, weil die indirekten Methoden zum Stressabbau auf unserem Umgang untereinander beruhen. Sie werden in Interaktionen „verpackt".

Frauen beispielsweise bauen Stress nicht unbedingt so offensiv emotional ab wie Männer.

Bei Mädelsrunden geht es um die verschiedensten Themen. Die können für Außenstehende sogar ziemlich belanglos wirken. Sie erfüllen aber den Zweck des emotionalen Austauschs. Wer einmal die Beobachtung wagt, wird feststellen, dass bei „den neusten Neuigkeiten" nicht wenige Emotionen der Gesprächsteilnehmerinnen zum Vorschein kommen. Die eigenen Gefühle werden praktisch im Laufe des Gesprächs „raus" gelassen und gegenseitig wird man bestärkt.

Wir haben eben von offensiv emotional bei Männern gesprochen. Wenn man so will sind Frauen in solchen Runden passiv, oder indirekt emotional. Passiv heißt in dem Fall, dass hier nicht aktiv rumgegrölt wird. Anders als beim Fußball, der oft zu heißen Diskussionen unter den Zuschauern führt.

Egal, ob direkter, oder indirekter Stressabbau, beides bleibt nur eine Methode, um die Symptome zu behandeln. Nicht aber die Ursache von Stress. Sie haben also auch keine Chance auf Erfolg, wenn es um nachhaltige Stress**verhinderung** geht.

Solange wir zufrieden sind mit gelegentlichem Abbau von Alltagsbelastungen, werden wir auch nur die Methoden immer und immer wiederholen.

Wir sollten uns also fragen, was zur Entstehung von Stress führt. Eine Ursache hatten wir eben schon kurz angesprochen, aber noch nicht vertieft. Es sind die Hürden der Kommunikation zwischen uns Menschen.

Missverständnisse

Wir betrachten eine Beziehung zwischen Mann und Frau: Beide möchten sich mit ihrem Partner austauschen und gut verstanden wissen.

In der Realität gibt es dabei oft viele Missverständnisse, die dann beide Seiten und die Beziehung unnötig belasten. Unnötig deshalb, weil sie praktisch vermeidbar wären.

Welchen Eindruck bekommt also eine Frau von ihrem Mann, wenn ein solches Missverständnis passiert?

Ein Beispiel:

Der Mann kommt nach der Arbeit heim. Er wirkt gestresst und schafft es höchstens noch mit dem Hund vor die Tür zu gehen. Vielleicht übernimmt er dabei noch ein oder zwei kleinere Sachen aus dem Haushalt.

Von der Frau des Hauses wird hingegen nach einem „normalen" Tag noch erwartet zu kochen, zu putzen, zu waschen, zu bügeln und die Kinder zu versorgen.

Für sie beginnt damit quasi ein zweiter Job, der eigentlich an sich schon eine Person voll ausfüllen würde.

Bei Unterhaltungen schwingt immer das gegenseitige Unverständnis mit. Er möchte zunächst Ruhe nach der Arbeit. Sie möchte zuerst die Hausarbeit erledigen, um danach den restlichen Abend zu genießen.

Fallen in solchen Situationen nicht oft Sätze wie „Wieso hilfst du mir nie? Du beteiligst dich nie am Haushalt! Du bist so faul!"?

Mit den Antworten: „Ich arbeite schon den ganzen Tag für uns beide, lass mich in Ruhe! Warum machst du so viel Stress? Ich mache es dir eh nicht recht!

Das sind nur einige Gesprächsteile, die oft vorkommen. Nicht selten entbrennt ein handfester Streit und damit ist dann der gemeinsame Abend für beide gelaufen.

Manche Männer schaffen es sogar, sich bis hin zu einer wahren Tyrannei zu steigern, unter der am Ende die ganze Familie leiden muss. Zusätzlich zu jähzornigen Verbalattacken kommen in solchen Fällen noch körperliche Übergriffe dazu.

Zusätzliche Probleme entstehen, sofern die Frau beruflich erfolgreicher als ihr Partner ist.

In der Praxis zeigt sich oft, dass nur wenige Männer mit dieser Situation umgehen können.

Je größer die Unterschiede des „Erfolgs", desto größer der emotionale Spalt zu Hause. Hier greift dann wieder das Gedankenspiel mit den eigens erzeugten Bildern. Hinzu kommt die Reaktivität des eigenen Egos.

„Sie ist besser als ich. Habe ich jetzt als Mann versagt? Kann ich meine Familie nicht ernähren?" Diese Fragen beschäftigen dann vielleicht den Mann, der ein „klassisches" Weltbild gelernt hat. Für ihn ist das **Idealbild** die Familie, die er versorgt und die Frau, die für Haushalt und Kinder zuständig ist.

Er fühlt sich also unterlegen und minderwertig.

In der Folge fängt er womöglich an seinen Frust mit Alkohol zu bekämpfen.

Damit beginnt dann ein wahrer Teufelskreis.

Eine weitere Variante wäre die Situation, in der sie „nur" Hausfrau ist.

Ihr Mann wird sie dann irgendwann auch „nur" noch als Hausfrau wahrnehmen. Dementsprechend wird sie behandelt. Sie wird sich einem zunehmenden Macho gegenübersehen.

Paradox daran ist, dass er sich gleichzeitig für unwiderstehlich hält. Er fängt alsbald an, sein Interesse an beruflich erfolgreichen Frauen zu entdecken. Zu Hause gilt ja die Parole: „Ich Chef, du nix". Deshalb sucht er nun eine größere Herausforderung und verliert vielleicht sogar ganz das Interesse an der eigenen Frau.

Den emotionalen Druck, den sie dadurch täglich erfährt, möchte man sich nicht vorstellen. Ebenso wie die steigenden Selbstzweifel, wenn der eigene Mann mit nichts zufrieden zu sein scheint.

An dieser Stelle möchte ich allerdings nicht unerwähnt lassen, dass mir auch viele Fälle bekannt sind, bei denen es umgekehrt läuft. Die Geschlechter tauschen also auch die Plätze.

Insgesamt sind Männer und Frauen meist gar nicht so verschieden, wie man vielleicht glaubt.

Wie bereits angekündigt, sind das alles vermeidbare Konflikte. Würde beispielsweise jeder dem anderen wahrhaft zuhören und die eigenen Freiräume lassen, verschwindet bereits viel Konfliktpotential. Dazu bedarf es allerdings einem gewissen Maß an Einschätzungsvermögen, ebenso wie Selbsteinschätzung. Wirklich zuhören heißt in dem Fall sich auch wirklich auf den anderen einzulassen. Nicht nur „zuhören", während man anderen Dingen nachgeht oder mit dem Handy spielt.

Ebenso lassen sich die alltäglichen Prozesse und Abläufe auch durchaus hinterfragen. Menschen sind keine Roboter.

Ist es unbedingt nötig alles im Haushalt gleich und sofort zu erledigen? Könnte man dem Partner nach einem harten Arbeitstag nicht einige Minuten für sich selbst Zeit geben?

Müssen erledigte Arbeiten in einem **gemeinsamen** Haushalt eine Selbstverständlichkeit sein?

Schaffen wir es, uns gegenseitig DANKE zu sagen?

Du bist herzlich eingeladen es selbst auszuprobieren. Du wirst überrascht sein, welche angenehmen Folgen auftreten können. Weniger Missverständnisse führen zu weniger Konflikten und so gleichzeitig zu weniger Stress im Allgemeinen. Eine solche Partnerschaft kann dann auch dem Stress von außerhalb entgegenwirken.

Nicht zu vergessen bleibt jedoch eines: in den häufigsten Fällen ist eine mangelhafte oder fehlende Selbsteinschätzung verbunden mit Problemen im Inneren. Hier kommen Sehnsüchte, Träume und Ängste zum Tragen.

Unerfüllte Träume

Wir sind bereits am Anfang näher auf die Wirkungsweise unserer Gedanken eingegangen. Dabei haben wir festgestellt, dass das Denken hauptsächlich in Bildern stattfindet.

Diese Bilder definieren auch unsere Ziele, unsere Träume und unsere Wünsche für die Zukunft.

Schon als Kinder lassen wir uns gerne begeistern und malen uns unsere Zukunft in den verschiedensten Farben aus. Ob Beruf, Reisen, Vermögen oder Familie. Fast jeder Mensch hat irgendein Idealbild, was er gerne erreichen möchte. Solche Ziele und Wünsche ändern sich auch regelmäßig im Laufe des Lebens. Einige Punkte bleiben allerdings durchgängig erhalten.

Zur seelischen Belastung werden solche Wunschbilder in dem Moment, wenn Gefahr droht sie nicht zu erreichen. Das heißt also, wenn wir uns Angst machen, dass wir es nicht schaffen. Sehen wir uns nicht in der Lage das Idealbild zu erfüllen setzen die gleichen Mechanismen wie bei Versagensangst ein.

Noch schlimmer wird es, wenn wir ein gewisses Alter erreicht haben und feststellen, dass noch keine unserer Ziele erreicht sind. In einigen Fällen fühlt man sich dann auch, als hätte man etwas verpasst.

Die Midlife-Crisis.

Gemeint ist die persönliche Sinnkrise, die den Menschen zwischen 40 und 50 ereilt. Hauptsächlich in den westlichen Industriestaaten.

Die Folgen des bisherigen Lebens haben uns eingeholt.

Im besten Fall ist die „Karriere" gesichert, die Schulden sind bezahlt, weitere Anschaffungen sind überschaubar geworden und die Kinder sind aus dem Haus. Sie erscheinen nur noch an Weihnachten oder anderen „unumgänglichen" Familienfesten. Uns wird bewusst, dass man sich besser öfters mit Ihnen hätte beschäftigen sollen, als mit irgendeinem Statussymbol.

Wir beschweren uns darüber, wenn die Kinder uns nur dann besuchen, wenn sie irgendetwas (meist Geld) von uns haben wollen. Sie haben aber doch eigentlich nur das übernommen, was wir Ihnen ihr Leben lang vorgelebt haben: Die Liebe zum Geld und die unendlichen Möglichkeiten, die ihnen dadurch eröffnet werden.

In der Folge entsteht die Auffassung:

„Ich sehe keinen Sinn mehr in meinen Leben und es ist alles so frustrierend."

Schlimmstenfalls bemerkt man noch, dass die Liebe zum Lebenspartner erloschen ist.

Das ist kein Wunder, da man die meiste Zeit nur mit der Arbeit und dem Auf- bzw. Ausbau des Luxus beschäftigt war.

„Ausgerechnet jetzt, wo ich es doch geschafft hatte, muss ich feststellen, dass ich all dies gar nicht mehr will, wie unfair. Den verhassten Job, den Partner, zu dem meine Liebe längst erloschen ist. Das Heim, das mich wie ein Goldener Käfig erdrückt. Genauso das für viel Geld erstandene, mittlerweile verhasste Vernunftauto mit Supersparmotor. An all dem habe ich das Interesse und die „Freude" verloren.

Nun macht sich auf unerklärliche Weise eine tiefe Schwermut im Menschen breit. Man muss etwas im Leben ändern, und zwar bevor es zu spät ist.

Fast alle haben Angst davor, nicht mehr attraktiv genug zu sein. Es beginnt der im Grunde hoffnungslose Kampf gegen das eigene Alter. Unsummen werden in Schönheitsoperationen, Mode, Kosmetik, Friseur und vieles mehr investiert.

Beseelt von dem Gedanken, dass man dadurch den Prozess des Alterns wenigstens verlangsamen kann, hat damit der Jugendwahn eingesetzt. Selbst können die Menschen aber fast nichts für ihr Schönheitsidealbild. Wir hatten bereits besprochen, wie so etwas funktioniert. Dieses Bild wurde ihnen über

Jahre durch verschiedenste Medien als erstrebenswert gezeigt. Jetzt werden die Früchte dieser Manipulation deutlich sichtbar.

In vielen Fällen wird auch die Frau wieder sexuell aktiver und setzt ihre Reize ein. Sie macht alles, um weiterhin „begehrenswert" zu sein und ist zu Tode betrübt, wenn die anfangs durchaus erzielte Wirkung ohne ersichtlichen Grund einfach so wieder verfliegt.

Todunglücklich beginnt sie, sich entweder in ihren Beruf zu verbeißen oder falls sie Hausfrau ist, sich in ihre „häuslichen Pflichten" zu flüchten.

In dieser Situation angekommen, gibt es oft nur noch wenige Auswege.

Die Trennung, Scheidung, lethargisches Nebeneinanderherleben, oder was man auch immer wieder hört: „Wir haben uns arrangiert".

Das bedeutet im Grunde nichts anderes, als sich mit dem bisherigen Leben abzufinden.

Letztendlich bleibt eine Frage bestehen:

Hat man es gemeinsam, in Einklang, bis ins hohe Alter geschafft und alle Klippen des Lebens gemeinsam umsegelt, oder sich eben nur einfach arrangiert?

Arrangiert insofern, dass beide auf nichts, was sie sich gemeinsam erworben haben, verzichten wollen und lieber unglücklich nebeneinanderher leben, als auf einen Teil des ganzen Besitzes zu verzichten.

Was fällt an diesem Beispiel besonders auf? Fast die kompletten Probleme beruhen nur auf einer Ursache.

Die eigenen Bilder im Kopf, gemalt durch unsere Gedanken führen zu einer Art Fantasiewelt.

Als Kind zeichnen wir uns eine rosige Zukunft. Wir verbringen dann das Leben dahingehend dieses nicht reale Idealbild zu erreichen. Wir möchten es also realisieren.

Schaffen wir das nicht oder besteht auch nur Zweifel daran, setzen wieder unsere Gedanken ein. Sie starten einen Kreislauf neuer Bilder und Vergleiche in dem wir schlecht dastehen.

So wird auch Angst gefördert und bedingt wiederum Gedanken, die uns nicht guttun.

Haben wir das Idealbild also nicht erreicht, führt unser gedanklicher Bildvergleich von Wunsch und Realität zu dem Ergebnis, dass wir „verloren" haben. Als hätte man ein Spiel verloren, bei dem es darum geht, am besten zu sein.

Die beschriebenen Gegenreaktionen der Betroffenen im Beispiel sind demnach nichts Anderes als panische Versuche, das Spiel auf den letzten Metern noch zu „gewinnen".

Die Resultate führen schlichtweg zu einer Belastung der eigenen Seele. Niemand möchte gerne verlieren.

Es bleibt jedoch die Erkenntnis, dass solche Phänomene einer Welt entspringen, die wir uns selbst so gestaltet haben.

3.2   Mensch-gemachte Umwelt

Wir Menschen haben selbst über die Jahre unserer Existenz die vielfältigsten und verschiedensten Ideale, Bewertungsmaßstäbe und Lebensweisen erschaffen. Heute bezeichnen wir die einzelnen Konzepte gerne als Kulturen.

Schauen wir uns an, mit welchen wichtigen Faktoren wir unsere Umwelt definieren und gestalten.

Lügen

„Sag immer schön die Wahrheit, mein Kind."

„Wer einmal lügt, dem glaubt man nicht, auch wenn er dann die Wahrheit spricht"

Diese und andere Sätze ähnlicher Art mussten wir uns alle seit der frühesten Kindheit anhören.

Trotz diesen erzieherischen Maßnahmen bedienen wir uns heutzutage alle an Lügen verschiedenster Art. Es ist deshalb leicht zu verstehen, dass wir uns damit auch beeinflussen. Sowohl selbst als auch gegenseitig.

Es ist dabei interessant, wann Menschen lügen und welche Auswirkungen das Lügen und die Wahrheit auf die Psyche haben können.

Wir neigen dazu, Lügen zu klassifizieren, damit wir sie für uns selbst rechtfertigen können.

Ein Mensch lügt meist aus den folgenden Gründen:

1. Zur „Not": Die Notlüge

Diese Form der Lüge haben wir wohl schon in der Kindheit benutzt. Meistens, um irgendwelchen Unfug zu verheimlichen. Aus **einer** Notlüge wurden dann bald zwei, drei, vier und viele mehr. Immer und immer wieder hat wahrscheinlich jeder von uns solche Lügen benutzt, um unangenehmen Situationen zu entfliehen. Schließlich sind wir erwachsen geworden und haben nie damit aufgehört. Praktisch ist das Lügen „in Notfällen" zur Gewohnheit geworden. Es ist schließlich auch einfach.

Als Beispiel:

Du hast etwas angestellt und fürchtest nun die Konsequenzen. Du lügst, um die Strafe von dir abzuwenden. Quasi hast du also nur aus Not gelogen. Die Not nämlich, weil du in „Gefahr" warst eine Strafe zu bekommen.

Vorerst hattest du damit Glück.

Solltest du dabei erwischt werden, hast du immer noch eine Ausrede: „Naja, das war doch nur eine Notlüge."

Was heißt das aber am Ende?

Sind damit nicht alle Lügen nur Notlügen?

Wenn ja, warum hat man dann oft ein so schlechtes Gewissen, wenn man lügt?

Obwohl wir Menschen immer gerne sagen, dass wir wahrheitsliebend sind und auch bitte nur die Wahrheit hören möchten, so lügen wir doch selbst öfter als nötig.

Ohne Not sagen wir zum Beispiel:

„Deine neue Frisur / dein neues Auto / deinen neuen Freund, find ich toll",

„Du siehst heute ganz besonders gut aus".

Wir tun das sogar, obwohl wir vielleicht genau das Gegenteil denken. Klingt paradox, allerdings wollen wir andere auch nicht vor den Kopf stoßen.

Hat man sich nicht schon zu dritten Personen oft selbst sagen gehört:

„Naja, ich wollte ihm oder ihr nicht auf die Füße treten",

„Ich konnte der Person X doch nicht so knallhart die Wahrheit ins Gesicht sagen. Das hätte sie doch verletzt."

Wieso sind wir aber gerade selbst so sauer, wenn wir erfahren, dass es jemand genauso mit uns gemacht hat? Das heißt, jemand hat uns angelogen, um uns nicht zu verletzen. Nun fühlt man sich aber eher davon gestört, dass man „belogen" wurde. Der Grund der Lüge rückt dabei völlig in den Hintergrund. Mit einer Vielzahl solcher „kleiner" Lügen lässt sich am Ende der gleiche Effekt erzielen, wie bei **einer** inhaltlich schwerwiegenden Lüge.

Die Freundschaft bzw. das Vertrauen bekommt Risse, die man vielleicht nie wieder ganz ausräumen kann.

Solche schlimmeren Lügen sind zum Beispiel die unserer nächsten Kategorie:

2. Lügen zum Verstecken: Untreue

- der untreue Lebenspartner,
- der Geschäftspartner, von dem man betrogen wurde, der es aber abstreitet,
- der Zeuge, der vor Gericht lügt und einen damit belastet,
- der Bekannte, der Unwahrheiten über einen erzählt.

Die Liste der Beispiele kann schier endlos sein.

Sie haben aber alle eins gemeinsam.

Die Lügen, die in einem solchen Zusammenhang auftreten, werden von der wahrheitsliebenden Gemeinschaft auf das Schärfste verurteilt.

Sind wir nicht selbst schnell dabei solche Dinge zu verurteilen? Schließlich stellen derartige Lügen dann eine Ungerechtigkeit dar. Nämlich uns selbst gegenüber. So empfinden wir zumindest.

Wir können uns auch nicht vorstellen selbst einmal ähnlich zu lügen.

Irgendwann erwischen wir uns aber doch dabei. Gerade, wenn man selbst in eine Situation kommt, in der man enorme Angst vor Konsequenzen hat. Beispielsweise finanzieller oder emotionaler Art.

Sogar kombinierte Ängste kommen vor. Nehmen wir an, man hat sich hoch verschuldet, um etwas zu erwerben. Das aber ohne es dem Lebensgefährten mitzuteilen. Man fürchtet dann, dass das Gegenüber kein Verständnis für die Schulden hat. Die schlimmste Konsequenz, vor der man sich fürchtet, ist Verurteilung.

Verurteilung und Gefühlskälte wären der Super-Gau in einer Partnerschaft. Deshalb wird aus Angst davor gelogen.

Genauso versucht man auch andauernd seine Lügen zu vertuschen. Es soll nur nichts auffallen.

So werden dann auch große Anstrengungen unternommen, jegliche Informationen zu filtern. Vielleicht auch Dokumente oder Briefe zu verstecken und zu verheimlichen. Manche Menschen werden wahre Experten, sie beginnen sogar ein Doppelleben zu führen. Das verdoppelt allerdings auch die emotionale Last auf den Geheimnisträger.

Faktisch bleibt eins ganz klar:

Wer viel lügt, braucht ein Gedächtnis wie ein Hochleistungs-Computer. Man darf sich schließlich nicht selbst verraten.

Wird eine Lüge über einen längeren Zeitraum aufrechterhalten, wird das Lügengeflecht sehr unüberschaubar. So, dass man sich immer mehr merken muss.

Irgendwann geht das nur nicht mehr.

Das Gedächtnis spielt nicht mehr mit und man widerspricht sich selbst.

Oft empfindet der „Täter" dann Reue, aber auch eine Art Erleichterung, dass es endlich vorbei ist.

Die ihn, oder auch sie, so stark emotional belastenden Lügen haben die Harmonie des inneren Energie-Flusses gestört.

Dadurch **erstarrt** man praktisch innerlich.

Das erklärt auch, warum Menschen „abgebrüht" wirken. Besonders die mit beruflichem Hintergrund, in einer Tätigkeit die von Lügen lebt.

Es gibt noch zwei andere Spezies von Lügnern. Sie sollen nicht unerwähnt bleiben, weil sie sehr gerissen und dadurch nur schwer zu durchschauen sind.

3. Lügen als Selbstverständlichkeit

Die erste Art dieser Lügner redet sich mit einer unglaublichen Phantasie ein, dass die eigene Lüge die Wahrheit ist.

Sie betreiben eine Selbst-Gehirnwäsche. Mit dem Ergebnis, dass sie selbst so felsenfest von ihrem Konstrukt überzeugt sind, dass sie es auch glaubhaft verbreiten können.

Bei einigen Menschen brachte das erstaunliche Resultate hervor. So auch bei einigen, die ich persönlich kennen gelernt habe. Sie haben unfassbar viel Energie in die Verfolgung ihrer Geschichte gesteckt.

Was hätten diese Menschen mit ihrer unbestreitbaren, überdurchschnittlichen Willenskraft in dieser Zeit wirklich alles erreichen oder lernen können? Schade darum!

Schließlich werden aber auch diese Leute sich selbst verraten. Irgendwie, irgendwann, ganz sicher. Auch ihr Gehirnspeicher hat Grenzen.

4. Halb-Lügen oder Halb-Wahrheiten

Die andere Art sind Meister der Halbwahrheiten.

Sie erzählen immer Teile der Wahrheit kombiniert mit Lügen.

Verraten sie sich dann doch einmal, oder fallen aus ihrer Rolle, wird die Luft dünn. In diesen Fällen treten sie geschickt die Flucht nach vorne an.

„Das hast du falsch verstanden!" heißt es dann oft.

Jetzt kommt man als Gegenüber ins Grübeln: „Könnte ja sein".

An dieser Stelle aber auch gleichzeitig die Bitte um Vorsicht.

Wir sagen nicht, dass automatisch jeder der einmal sagt „Das hast du falsch verstanden!", sofort als Lügner identifiziert ist. Bei Missverständnissen sollte man nie immer nur die „Schuld" beim anderen suchen. Wir selbst haben großes Potential unsere Mitmenschen wirklich falsch zu verstehen. Manchmal will man sie sogar falsch verstehen. Man kann durchaus kritisch sein, sollte aber nie vergessen, dass man selbst auch nur ein Mensch ist.

Was also tun? Sind Lügen jetzt das teuflisch Böse?

Natürlich nicht. Wir haben uns angesehen, welche Arten von Lügen es gibt. Dabei haben wir einige grundsätzliche Funktionsweisen erkannt. Lügen werden genutzt, um sich das Leben vermeintlich einfacher zu machen, sich selbst zu bereichern, oder auch um andere nicht zu verletzen.

Jedoch soll das keine Verallgemeinerung aller Menschen sein. Lediglich das Verständnis für die Dinge verbessern, die uns im Alltag begegnen.

Jetzt möchte ich dir aber unsere Herangehensweise ein wenig erläutern.

Wir bleiben einfach und unkompliziert.

Wir bringen die Sache auf den Punkt.

Wir sagen die Wahrheit!

Immer? Immer!

Natürlich sind wir keine Heiligen und versuchen auch keine zu sein. Dennoch haben wir erkannt, dass Lügen einen Menschen unglücklich machen. Deshalb vermeiden wir es, wo wir nur können. Manchmal schmerzt die Wahrheit für einen kurzen Moment, bringt aber im Ergebnis mehr für die persönliche Weiterentwicklung.

Wir wissen nun, dass jeder Mensch lügt. Gleichzeitig wissen wir auch, dass jede nicht ausgesprochene Lüge unser Inneres weniger belastet. So, wie wir beim Thema Gedanken gesehen haben, würden Lügen einen kompletten Kreislauf in Gang setzen. Du bist eingeladen selbst zu überprüfen, was wir hier feststellen. Sei gespannt auf deine Ergebnisse!

„Ich kann doch aber nicht zu meiner besten Freundin sagen, dass mir ihre neue Frisur nicht gefällt."

Warum nicht?

Man muss es nicht abwertend oder hämisch formulieren.

Wird man nach seiner Meinung gefragt, reicht ein ehrliches: *„Ach, ich weiß nicht, vorher fand ich es besser.".*

So würde man bei gegebener Ehrlichkeit niemandem zu nahetreten. Dennoch gilt auch hier: Der Ton macht die Musik, wie wir schon gesehen haben. Letztendlich sind Wahrheit und Lüge auch Schwingungen, die durchaus spürbar sind. Welchen enormen Einfluss die Art und Weise der Äußerung haben kann, hatten wir bereits bei der Sprache gesehen.

Betrachten wir dazu noch die Arbeitswelt:

Vielleicht hast du einen Fehler gemacht und musst bei deinem Chef vorsprechen.

Mit blitzenden Augen sieht er dich an und macht dir Vorwürfe.

Er möchte wissen, wer verantwortlich zu machen ist.

Du denkst dir: „Was soll ich jetzt nur machen? Weiß er, dass ich es war, oder nicht? Ich könnte die Schuld ja von mir weisen.".

Du denkst und denkst. Sollst du jetzt lügen oder nicht? „Wenn ich lüge und er weiß schon Bescheid, wird es noch viel schlimmer. Weiß er es nicht, und ich gebe es zu, was wird dann aus mir?"

Du hast jetzt bereits, ohne es zu merken, verloren. Deine Nervosität wird dem Chef nicht entgehen und seinen vielleicht schon existierenden Verdacht noch bestärken.

Hatte er bisher keinen Verdacht, wird dein Überlegen und Zögern ihn wahrscheinlich neugierig machen.

Die Lösung des Problems?

Tritt ihm gegenüber und gib den Fehler offen zu.

Zeigt man Bereitschaft den Fehler, wenn möglich, wieder gut machen zu wollen, ist meist mit einer angenehmen Rückmeldung zu rechnen. Ein ernstgemeintes Bedauern auszudrücken wirkt zudem ehrlich und professionell. Einzig in Bettelei zu verfallen, wäre zu viel.

Ein guter Chef wird dann eher dabei unterstützen, den Schaden wieder zu beheben, als den Fehler zu verurteilen.

Ehrlichkeit wirkt in solchen Fällen entwaffnend. Die meisten Menschen rechnen in derartigen Situationen schon mit Lügen oder Ausreden.

Bleibt man ehrlich, so wird man, zumindest von guten Vorgesetzten, auch eher respektiert.

Praktisch wandelt man so das „negative" Gespräch in ein „positives" Endergebnis. Diese Erkenntnis wird uns auch nochmal beim Yin & Yang begegnen.

Ich selbst habe immer wieder genau diese Erfahrungen gemacht.

In einem sehr schwierigen Arbeitsumfeld, mit stark selbstorientierten Kollegen, hatte ich ausreichend Möglichkeit diese Grundsätze zu prüfen. Gerade unter Kollegen kann es oft vorkommen, dass interne Positionskämpfe und Machtstellungen dem Einzelnen wichtiger sind als die Zusammenarbeit. So begegneten mir auch oft aktive und passive Anfeindungen. Das heißt also sowohl direkte als auch indirekte Beschwerden, oder sogar „Anzeigen" beim Vorgesetzten. Diese sehr unangenehmen Situationen konnte ich weitgehend leicht handhaben. Grund dafür war der offene und ehrliche Umgang mit meinem Vorgesetzten. Bis dato hatte ich so eine offene Kommunikation auch noch in keinem Betrieb erlebt. Der Chef nahm sich jedoch Zeit für regelmäßigen Austausch und versuchte, sehr geschickt, mit seiner jahrelangen Erfahrung die Mitarbeiter zu koordinieren. Zwischen uns entstand durch den ehrlichen Umgang miteinander eine ganz eigene Verständnisebene. Manchmal bedurfte es dann nicht einmal mehr vielen Worten, um sich zu verstehen.

Es hatte sich also für mich ausgezahlt, nicht auf das Spiel von Lügen und Intrigen der Kollegen einzugehen. Gleichzeitig brachte es mir tägliche Freude an der Arbeit, als ich nur die Wahrheit sagte. Die gesamte „negative" Energie, die solche beschriebenen Konflikte mitbringen, hat mich nicht mehr belastet.

Egal ob mit Lügen oder ohne, eine geschickte Gesprächsführung kann auch missbraucht werden. Durch gezielten Einbau von Informationen werden Menschen sehr oft auch manipuliert. Derartige Manipulation beschränken sich aber nicht nur auf direkte Gespräche, sondern umfassen sehr viel mehr. Schon bei Sprache und Medien sind wir auf einige Faktoren eingegangen, die dazu beitragen.

Manipulation & Motivation

Manipulieren oder motivieren? Das ist hier die Frage.

Wir haben schon verschieden Einflussfaktoren auf uns selbst beschrieben: Worte, Bilder, Klänge und auch die eigenen Gedanken. Verbindet man jedoch diese Einzelkomponenten entstehen Werkzeuge mit denen sich viel machen lässt.

Sage beispielsweise einem Menschen, dass er manipuliert wird und er wird sich sofort wehren. Automatisch fühlt er sich angegriffen. Überhaupt die Möglichkeit selbst manipuliert zu werden ist quasi unbegreiflich. Deshalb lehnt man das für sich schon im Vorfeld der Unterhaltung ab. Es möchte schließlich niemand manipuliert werden.

Wir werden aber in der Tat alle unwissentlich jeden Tag auf diese oder jene Art manipuliert.

Schauen wir zunächst auf die offensichtlichen Beispiele. Zuerst fallen hier die Medien auf.

Die täglichen Nachrichten zeigen dir beispielsweise, wie schlecht es anderen Menschen geht. Sei es nach irgendwelchen Katastrophen oder insgesamt Armut in verschiedenen Ländern. Praktisch täglich gibt es „schlechte" Nachrichten. Sollte dem nicht so sein, werden auch gerne einzelne negative

Themen länger ausgeschlachtet. In der größten Not muss sogar das aktuelle Wetter herhalten. Entweder ist es viel zu heiß oder viel zu kalt.

Egal was es ist, Hauptsache es erzeugt, oder verstärkt ein Gefühl der Angst.

Warum? Ganz einfach: Wird man jeden Tag mit einer potentiellen Gefahr konfrontiert, startet ein verhängnisvolles Gedankenspiel. Wir werden bewusst mit bestimmten Bildern „gefüttert". Zusammen mit unseren Erkenntnissen zum Denken in Bildern, ergibt sich damit leicht, was passiert. Negative Bilder generieren noch mehr negative Bilder und schmücken die vorhandenen aus. Praktisch könnte man es sich vorstellen, als würde man in seinem eigenen Geist mit sehr viel schwarz und grau malen. Vielleicht hat sogar das Wort „Schwarzmalerei" hier einen Ursprung.

Unsere Gedanken werden also damit beschäftigt diese Bilder zu verarbeiten. Das heißt im Endeffekt, dass unsere geistige Kapazität gebunden wird. Wir sind also abgelenkt.

So sehr abgelenkt, dass wir viele Dinge gar nicht mehr wirklich mitbekommen. Wie oft und warum hat man sich schon gefragt, ob man mit der eigenen Lebenssituation zufrieden ist? Es gibt Momente in unserem Leben, in denen wir feststellen, dass „plötzlich" schon viel Zeit verstrichen ist. Gerne Fragen wir uns dann, wo diese Zeit geblieben ist. Egal, ob Schulzeit, Ausbildung, oder „die Jugend". Mit einem Mal stellen wir fest, was passiert ist und hinterfragen unsere Zufriedenheit. Warum fühlt es sich an, als hätte man die Zeit verpasst?

Wir waren abgelenkt und mit unseren Gedanken beschäftigt. Der abgelenkte Geist wird zudem noch leichter beeinflussbar. Das nutzt vor allem die allgegenwärtige Werbung gerne und oft aus.

Die Werbung sagt uns täglich, dass wir einer privilegierten Gruppe angehören. Aber erst, wenn wir dieses oder jenes Produkt besitzen.

Man glaubt, man würde so **etwas Besonderes** werden. Viele kennen sicherlich das Problem der Markenklamotten. Ich habe in meiner Kindheit selbst verschiedene Erfahrungen dazu machen müssen. Hatte man nicht immer die aktuelle Markenkleidung war man der Außenseiter.

Warum wird uns die Notwendigkeit vorgegaukelt, privilegiert zu sein oder immer das Neuste besitzen zu müssen? Ganz klar, man will an uns verdienen, egal ob wir es uns leisten können oder nicht.

An dieser Stelle im Detail auf Medien und die verschiedenen Einflüsse, die uns durch sie begegnen einzugehen würde den

Rahmen leider sprengen. Das Thema alleine würde ein ganzes Buch füllen.

Trotzdem möchte ich hier noch einen kleinen Denkanstoß einbauen.

Wie du dich erinnern kannst, hatten wir schon einige Aspekte angesprochen, die besonders auch Musik als Medium betreffen. Nun gibt es eine ganze Reihe verschiedener Richtungen und Arten von Musik. Es kann jedes Gefühl damit angesprochen werden. Zum Beispiel Wut, Trauer, Einsamkeit, Schmerz, Freude, Liebe und vieles mehr.

Daneben gibt es allerdings auch Musikstücke, die in Verbindung mit ihrem Text eine deutliche Botschaft zu kritischen Themen haben. Dazu zählen auch Sichtweisen auf vorhandene, gesellschaftliche Problematiken.

Ein Stück, was sehr gut verdeutlicht, wie Einfluss auf uns ausgeübt wird, kommt von der Band „Disturbed":

Disturbed – Open your Eyes

You're paralyzed	Du bist gelähmt,
breath your disguise	atmest deine Verkleidung.
You feed on the lies that they	Du ernährst dich von den Lügen,
tell you	die sie dir erzählen.

Got to break away from the numbing pain	(Du) Musst dich lösen Von dem betäubenden Schmerz.
Succumb to the rage that's inside you	Gib der Wut nach, die in dir ist.
You're hypnotized, demoralized Believe every line that they sell you	Du bist hypnotisiert, demoralisiert. Glaubst jeder Schlagzeile, die sie dir verkaufen.
Start channelling, whatever will remains Discern from what's fiction and what is true	Fang an, den verbleibenden Willen zu kanalisieren. Unterscheide was Fiction und was Wahrheit ist.
See through the disguise, won't you open your eyes? [...] You've lost your sense from the emptiness You do as the headlines compel you	Durchschaue die Maskerade, willst du deine Augen nicht öffnen? Du hast dein Spürsinn verloren, durch die Leere. Du tust, wie es dir die Schlagzeilen befehlen.
Become whole again and let the war begin Destroy the veneeer that surrounds you	Werde wieder komplett und lass den Krieg beginnen. Zerstöre den Schein, der dich umgibt.

There's no defense for your recklessness	Es gibt keine Verteidigung Für deine Leichtsinnigkeit.
You stare as the proof lies before you	Du starrst, während die Beweise vor dir liegen.
Why can't you see, are you afraid to be Exposed to the demons around you?	Warum kannst du nicht sehen? Hast du zu viel Angst den Dämonen um dich herum ausgesetzt zu sein?
[...]	
You will all be running, in a world you cannot hide	Ihr werdet alle rennen, in einer Welt in der man sich nicht verstecken kann.
And the end is comin' for the lemmings standing in line	Und das Ende kommt für die Lemminge, die in der Reihe stehen.
Overcome it, let the fury built inside It could all be broken, if you only opened your eyes	Überwinde es, lass die Wut in dir wachsen. Es könnte alles gebrochen werden, wenn du nur deine Augen öffnen würdest.

Seine komplette Wirkung entfaltet das Lied in Verbindung mit dem originalen Musikvideo der Band.

Sofern du die Möglichkeit hast, schau es dir gerne an.

Noch ein ganzes Stück deutlicher wird die Band mit ihrem Titel: „The Vengeful One". Hier wirkt ebenso das Werk am besten mit dem Video zusammen. Zur kleinen Veranschaulichung hier nur einige wenige Textauszüge:

It's as if the entire world's fallen in love with their insanity	Es ist, als hätte sich die ganze Welt in ihren (eigenen) Wahnsinn verliebt
The human predators all gone mad Are reaping profits born from their demise	Die menschlichen Raubtiere, die alle verrückt geworden sind, ernten Profit von ihrem (eigenen) Verfall
The rabid media plays their roles Stoking the flames of war to no surprise	Die tollwütigen Medien spielen ihre Rollen. Schüren die Flammen des Krieges. Es ist keine Überraschung.
Only too eager to sell their souls For the apocalypse must be televised	Nur zu willig ihre Seelen zu verkaufen, denn die Apokalypse muss übertragen werden.
Look inside and see what you're becoming In the blackest moment of a dying world	Sieh nach innen und sieh zu was du wirst, in der dunkelsten Stunde einer sterbenden Welt

Durch die relative „Machtlosigkeit" gegenüber Einflüssen aus medialen Reizen, lassen sich einige Menschen gerne dazu hinreißen, diese Umstände zu akzeptieren. Sie lassen es also über sich ergehen, weil sie gar keinen „echten" Bezug zum Thema haben.

Manipulationen, ob gewollt oder ungewollt, finden allerdings auch im engsten Bekannten- und Familienkreis statt. Oft sind diese Einflüsse so subtil, dass man gar nicht realisiert, was über die Zeit geschieht.

Als Beispiel:

Deine Familie möchte für den Urlaub ans Meer. Du dagegen lieber in die Berge. In letzter Zeit hattest du öfter Streit mit deiner Frau. Es läuft allgemein nicht so rund. Nichtigkeiten werden immer wieder zu Konflikten.

Um den Frieden zu wahren fährst du, wie selbstverständlich, mit ans Meer.

Ist die Entscheidung nun freiwillig gefallen, oder wurdest du in dem Beispiel durch emotionalen Druck dazu bewegt den Kompromiss einzugehen?

Dein bester Freund kommentiert bei jeder Begegnung dein neues Auto negativ. „Die Farbe sieht komisch aus. / Das ist doch viel zu laut / So eine Ausstattung wäre nichts für mich."
Vielleicht ist er ja nur neidisch.
Schließlich findest du dein eigenes Auto selbst nicht mehr so supertoll.
Ändert sich hier die eigene Wahrnehmung des Wagens freiwillig? Besteht vielleicht die Möglichkeit, dass du (quasi unbewusst) deinen besten Freund eigentlich beeindrucken wolltest?

Ihr bekommt einen neuen Chef in der Firma. Deine Kollegen finden ihn völlig unmöglich. Täglich hörst du Gespräche über den Neuen. Niemand scheint von ihm begeistert zu sein. Selbst hast du ihn noch gar nicht gesehen und auch nicht mit ihm gesprochen. Trotzdem stellst du fest, dass du ihn irgendwie auch nicht besonders magst.
Hast du deine Einschätzung zu ihm völlig selbstständig bekommen?

So traurig wie es zu sein scheint, eigentlich sind wir jeden Tag dauernd Manipulationsversuchen ausgesetzt.

Manchmal freut man sich einfach über etwas, bis jemand einen Bewertungsmaßstab einbringt und uns diesen indirekt damit aufzwingt. Über die Wirkungsweise hatten wir bereits am Anfang, bei den Gedanken, gesprochen.

Das einzige wirksame Mittel dagegen ist die Erkenntnis, dass Manipulationen Bestandteil unseres Daseins sind. Sie sind **nicht** die bösen Taten einiger weniger verabscheuungswürdiger Zeitgenossen. Nicht zuletzt werden uns überall Vergleiche und Bewertungen vorgelebt und gezeigt. Autos, Häuser, Wohnungen, Gehälter, Jobs, ja sogar Gefühle werden ständig verglichen. Was ist höher, größer, breiter, teurer, schöner und so weiter und so weiter. Damit werden wir indirekt dazu animiert selbst die gleichen Muster zu spielen: Es entstehen Denk- und schließlich Handlungsmuster.

Wie bereits angedeutet können Menschen sich gegenseitig manipulieren, aber auch motivieren.

Streng genommen ist auch jeder gut gemeinte Ratschlag ein Manipulationsversuch, genauso wie der Versuch einen anderen zu motivieren.

Das Groteske daran ist, dass wir es auch oft selbst sind, die geradezu darum betteln manipuliert zu werden:

„Weißt du, ich kann mich nicht entscheiden, soll ich nun meine Frau verlassen oder nicht? Was würdest du denn an meiner

Stelle tun?" fragt man vielleicht gerade den „Freund", der sich schon seit langem nichts sehnlicher wünscht als gerade deine Frau zu trösten. Er wird dir schon die richtige Antwort geben. Jedenfalls richtig für ihn.

Vielleicht ist dir, lieber Leser, die ein oder andere beschriebene Situation widerfahren. Ich bin davon überzeugt, dass du in dem Fall sicher das Gefühl der Unsicherheit zu deiner Entscheidung nicht vergessen haben wirst.

Eine Motivation ist nichts anderes als eine Manipulation. Lediglich in eine vermeintlich positive Richtung.

Das heißt also, Manipulation ist nicht zwangsläufig „etwas Schlechtes". Dieser Eindruck mag vielleicht eben entstanden sein, jedoch ist die Realität anders. Wie gesagt sind diese Erscheinungen völlig natürliche Bestandteile unseres Lebens.

Natürlich kannst du jemanden, dem du vertraust, um Rat fragen. Letztlich entscheiden musst du aber ganz allein.

Ich vergleiche es gerne mit diesem Beispiel:

Du stehst in einem dunklen Raum und findest nicht heraus.

Ich beschreibe dir die Richtung, in der sich die Tür befindet.

Finden musst du sie dann allein.

Nun noch, um dieses Kapitel zu beschließen, zwei gut gemeinte und bewährte Sprichwörter. Vielleicht helfen sie dir, dich vor missbräuchlichen Manipulationen zu schützen:

1. „Nenne den einen **Freund**, der 10 Schritte mit dir gegangen ist und lasse jeden Schritt 1 Jahr dauern. Denn 10 Jahre kann sich niemand verstellen."

2. „Vertraue niemandem, der dir einen geschäftlichen Vorschlag macht, ohne dabei zu berücksichtigen, was für ihn dabei herausspringt.

   Keiner bietet dir einen Vorteil an, wenn seiner nicht größer ist.

   Es sei denn, sein Wohl hängt mit von deinem ab."

E-motionen

Eben haben wir in einem Beispiel entdeckt, dass die eigenen Emotionen uns durchaus manipulieren oder besser gesagt beeinflussen.

Um zu verstehen, wie genau Emotionen funktionieren müssen wir uns nochmal auf den Anfang besinnen.

Gedanken, Bilder und Erinnerungen sind letztendlich als Schwingungen zu verstehen. Genauso verhält es sich mit Gefühlen, unseren Emotionen.

Wir sollten allerdings nochmal klarstellen, dass nicht alles was Menschen als Gefühle bezeichnen auch tatsächlich Emotionen sind. Oft werden Instinkte oder auch rein im Kopf erdachte und entstandene „Gefühle" als Emotionen angesehen. Beispielsweise ist Hunger keine Emotion, sondern ein menschlicher Instinkt, ein Signal des Körpers an das Gehirn zur notwendigen Nahrungsaufnahme.

Ebenso wenig ist Angst eine Emotion. Darauf sind wir im ersten Band[1] bereits eingegangen.

Sprechen wir von Emotionen meinen wir hauptsächlich:

- Wut & Zorn
- Hass

---

[1] DIE Selbstverteidigung - Spiel auf Sieg

- Leid & Trauer

- Spaß & Freude

- Liebe

Die perfekte Beschreibung der Funktionsweise dieser Gefühle liegt in der Bezeichnung Emotion selbst. Es ist zusammengesetzt aus „E" und „Motion" (engl. für: Bewegung). Der Buchstabe E steht in dem Fall für Energie.

Folglich heißt das für die Emotionen, dass sie nichts Anderes sind als Energie **in Bewegung**.

Die Art der Energie, also welches Gefühl zum Ausdruck gebracht wird, entscheidet die dazugehörige Schwingung.

Woher kommt nun aber die Bewegung, oder besser gefragt: Von wo geht diese Bewegung aus?

Bis auf Liebe haben all diese Emotionen eines gemeinsam: ihr Ursprung ist das eigene Ego.

Bewegen wir unsere Energie, also unsere Emotionen, zu einem anderen Menschen, wird er das wahrnehmen. Umgekehrt genauso: Spüren wir eine starke Emotion bei unserem Gegenüber, werden wir unweigerlich davon beeinflusst. Eine verbale Verletzung durch eine Beleidigung zum Beispiel wird wahrscheinlich auch ein **Gefühl** der Verletzung auslösen. Damit kann man schon von Manipulation sprechen.

Ähnlich verhält es sich bei gut gespielten Emotionen. Diese werden dann verwendet, um jemanden hinters Licht zu führen und zu betrügen. So, wie wir bei Lügnern gesehen haben. Dagegen ist es aber auch möglich Menschen durch Emotionen sehr positiv zu beeinflussen. Ich selbst durfte feststellen, dass eine positive Ausstrahlung nach außen meine Mitmenschen beeinflusst. Ja sogar mich selbst. Nach vielen Erkenntnissen, die ich allein und auf meinen Reisen nach Thailand durchlebt hatte, ergaben sich Eigenerfahrungen. Die Bedeutung von Wing Chun wurde immer klarer für mich. Ich traf neue Menschen und verstand es besser Situationen und energetische Hinweise zu erkennen. Meine neu gewonnene, permanente Lebensfreude war in der Lage Mitmenschen und Kollegen mitzureißen. Ihnen ging es zum Teil nicht so gut. Alltagsstress und persönliche Probleme haben sie belastet. Zunächst verstand ich selbst nicht, was passierte. Je mehr Zeit ich mit Anderen verbrachte, konnte ich feststellen, dass die Emotionen von außen, weniger Einfluss auf mich hatten. Gleichzeitig hellte sich die zuerst gedrückte Stimmung der Anderen auf.

Jedoch war das nur eine Seite der Medaille.

Bald lernte ich noch eine Kategorie Mensch kennen. Ich nenne sie mittlerweile sprichwörtlich Miesepeter.

Diese Art Mensch ist voll von negativen Emotionen. So sehr sogar, dass andere Menschen, die sehr viel positiver eingestellt sind, ihnen komisch erscheinen. Sie begegnen diesen für sie „unnormalen" Menschen nicht selten mit Ablehnung. Das geht in Extremfällen bis hin zum Hass.

Leider musste auch ich diese Arte Mensch persönlich kennenlernen.

Man könnte unendlich viele Beispiele für diese Phänomene finden. Für den Moment soll allerdings dieser kleine Überblick ausreichen.

Manche Menschen haben von Natur aus eine bessere Kontrolle über ihre Emotionen und über ihr Auftreten, andere können das erlernen und manche haben kaum Eigenkontrolle. Wieder andere sind nur mit sich selbst beschäftigt und versuchen eher Kontrolle über andere zu erlangen. Die Grundlage dafür liefert das eigene Ego.

Ego

Das Ich. Das Selbst. Manchmal auch verwechselt mit dem Sein. Unser sogenanntes Ego.

Was hat es genau damit auf sich?

Man sagt, beim Ego geht es um Selbstorientierung und Eigennutz. Extrem ausgeprägte Egos sind demnach auch die Menschen, die sich selbst an aller erste Stelle setzen. Egal um was es geht, sie müssen im Mittelpunkt stehen bzw. an der Spitze sein. Manchmal heißt so etwas auch **selbstzentriertes** Verhalten.

Heutzutage sind viele der Ansicht, es gäbe ein „gesundes" Ego. Hier wird dann meist Ego mit Selbstbewusstsein verwechselt.

Es versteht aber kaum jemand, dass Ego nicht gleich Selbstbewusstsein ist und umgekehrt.

In der Tat äußert sich ein starkes Ego oft durch eine übersteigerte Selbsteinschätzung. Auch gegenüber anderen wirkt eine solche Person eher **abgehoben**.

Zumeist wird aber nicht betrachtet, dass starke Egos durchaus auch vorhanden sein können, wenn der Mensch sich insgesamt vielleicht eher zurückzieht.

Selbst wenn z.B. Depressionen vorliegen, kann dabei ein starkes Ego eine Rolle spielen.

Bevor wir uns einige Beispiele anschauen, möchten wir uns das selbstzentrierte Verhalten mal ganz anders betrachten.

Bereits als wir von Energien und unseren E-Motionen gesprochen hatten, haben wir deren Ausbreitung als Schwingung festgestellt. Allerdings haben wir nicht so genau beantwortet, wo diese Schwingungen ihren Ausgangspunkt haben.

Wird das E-Go als ein Zentrum bezeichnet, ist es sicher auch das Zentrum, in dem Energien, wie Gefühle entstehen können.

In der Tat ist es auch so, dass Emotionen, genauer, betrachtet, immer vom **Ich** ausgehen.

Um das besser zu verstehen, greifen wir nochmal zurück auf unsere, Anfangs besprochenen, Denkprozesse.

Gefühle sind Schwingungen und Gedanken, die dann zu Bildern werden. Das Denken in Bildern heißt, dass wir ein Bild von uns selbst haben. Gemalt wird dieses Bild über die Dauer unseres Lebens mit sämtlichen Erfahrungen, die wir machen. Dabei kombiniert mit unseren Gedanken und auch der eigenen Fantasie, das heißt also, es kommen auch ausgedachte Teile dazu.

Praktisch ergibt sich: Ein großes Ego ist ein entsprechendes Selbstbild.

Nehmen wir an, wir haben ein reichlich ausgeschmücktes Bild und plötzlich kommt jemand daher und sticht ein Loch in die

Leinwand, bewirft das Bild mit Farbe oder schneidet ein Stück heraus.

Der Ersteller des Bildes wird keineswegs begeistert davon sein. Er wird im Ergebnis **emotional** reagieren. Welches Gefühl dann dabei herauskommt, ist abhängig vom Einzelfall. Zuvor haben wir schon von Wut, Zorn, Hass oder Leid gesprochen. Demnach reagieren einige vielleicht wütend oder andere ziehen sich in Trauer zurück.

Wie das beschriebene Bild, ist das Ego verletzt. Es wurde angegriffen. So bleibt nur Gegenangriff oder Verteidigung. Diese Reaktionen werden ungern zugegeben.

Ein früherer Trainer von mir hatte die meiste Zeit immer Selbstlosigkeit gepredigt. Er war auch im Training selbst immer darauf bedacht reichlich auf den Ablass vom eigenen Ego hinzuweisen. Warum das wichtig zum Trainieren ist, haben wir in „Spiel auf Sieg" bereits gesehen.

Genauso trat er immer für ein gütliches Miteinander und Verständnis untereinander ein.

Nachdem sich dann unsere Wege trennten, offenbarte sich allerdings die Wirklichkeit.

Es folgten mehrere Versuche mich wirtschaftlich zu schädigen. Ursächlich für all das war einzig ein verletztes Ego.

Das eigene Bild des **tollen Trainers** wurde beschädigt, als ein Schüler sich entschloss, nicht „bei ihm" weiterzumachen. Alles frei nach dem Motto: du beschädigst mich (mein Bild), dann beschädige ich dich!

Bei diesem Beispiel ist noch eine Sache besonders. Der unbedingte Wunsch jemanden zu schädigen entspringt einer Idee, die das eigene Ego beim Gegenüber im Kopf erzeugt hat. Gemeint ist eine Art Gerechtigkeitssinn. Das heißt, für den Egoisten ist es logisch „ausgleichende Gerechtigkeit" auszuüben. Quasi aus einer **überlegenen** Stellung heraus fühlen sich diese Menschen im Recht.

Im folgenden Songbeispiel heißt es ganz richtig: „You think their beliefs make them less than you and that is a delusion that your sickness has conceived.".

Es ist eine absolute Illusion zu glauben, dass ein Mensch über einen anderen irgendein „Recht" hat.

Dennoch versuchen die meisten Menschen in ihrem Streben nach Macht und Einfluss genau das zu bekommen. Rechte über andere.

Zu dieser Art Mensch haben sich auch Musiker schon geäußert.

Den völlig treffenden Song dazu möchte ich dir an dieser Stelle nicht vorenthalten:

Disturbed - Savior of Nothing

Now you've become Everything you claimed to fight Through your need to feel you're right	Jetzt bist du all das geworden, was du geschworen hast zu bekämp- fen. Durch dein Bedürfnis, dich im Recht zu fühlen
You're the saviour of nothing now	Du bist jetzt der Retter von Nichts
When you were a young one They tormented you They could always find a way to make you feel ashamed	Als du jung warst, haben sie dich gefoltert. Sie haben immer einen Weg ge- funden dich zu beschämen
Now that you are older Everything they put you through Left you with an anger that just cannot be contained	Jetzt, da du älter bist, hat dich alles was sie dir angetan haben mit ei- ner Wut zurückgelassen, die ein- fach nicht zurückgehalten werden kann.
So you spend every day of your life Always searching for something to set You on fire [...] Everywhere around you You find reasons to Turn into a warrior to protect what you believe	Deshalb verbringst du jeden Tag deines Lebens damit immer nach etwas zu suchen, was dich erzürnt. Überall um dich herum findest du Gründe, dich in einen Krieger zu verwandeln, um das zu schützen, an das du glaubst.

But you think their beliefs	Aber du denkst deren Glauben
Make them less than you	macht sie zu weniger als dich
And that is a delusion that your	selbst. Und das ist eine Täuschung
sickness has conceived	die deine Krankheit erzeugt hat.
[...]	
You're the saviour of nothing now	Du bist jetzt der Retter von Nichts
[...]	

Ähnliche, emotionsgesteuerte Situationen ergeben sich auch häufig auf dem Arbeitsmarkt. Ganz besonders dann, wenn verschiedene Altersklassen aufeinandertreffen.

Die Klassifizierung und die Gruppierungen nach Alter, Geschlecht, Orientierung, Bildungsstand und dergleichen mehr sind auch nur Bilder in unseren Köpfen. Dennoch führen sie so zu entsprechenden Vorurteilen.

Mich persönlich begleiten seit meinem 18. Lebensjahr „dumme Sprüche", weil ich mich entschloss zu studieren. Der Großteil aus meinem Umfeld war eher praktisch, handwerklich orientiert.

Nicht zuletzt dadurch habe ich ein entsprechendes handwerkliches Können mitbekommen. Das half mir aber nicht gegen die Vorurteile, die die „Praktiker" gegen „Studenten" hegen und umgekehrt. Jede Seite hat das ideale Bild der „eigenen" Gruppe im Kopf, welches natürlich der einzig erstrebenswerten Arbeit entspricht. Die andere Gruppe arbeitet dagegen nie **wirklich** oder **richtig**.

Ein paar Menschen, die mir begegnet sind, haben sogar aktiv versucht, mich von einem Studienabbruch zu überzeugen. Damit ich „endlich **richtig** arbeiten und Geld verdienen" könne.

Nicht nur das Level der Dreistigkeit sucht dabei seines Gleichen. Die eigene Überheblichkeit ist genauso immer wieder überraschend.

Zugegeben, einige der herabwürdigenden Aussagen über Studenten wurden durchaus so getätigt, dass sie persönlich und verletzend wirksam wurden. Mein eigenes Bild wurde zum damaligen Zeitpunkt also angegriffen. Ich fand mich dann mit Gefühlen der Abneigung gegenüber **diesen Leuten** wieder.

Mit der Zeit habe ich allerdings erkannt, dass sie selbst nicht anders können, als einen solchen Eindruck von mir zu haben. Es wurde ihnen nicht anders beigebracht. Stattdessen wurden die gleichen Vorurteile vorgelebt und ihnen anerzogen. Sie haben diese gedanklichen Bilder einfach 1:1 übernommen.

Mit dieser Erkenntnis hat sich mein Ego insoweit aufgelöst, dass ich aufhörte indirekt nach persönlichen Angriffen zu suchen. Die meisten Sprüche waren auch gar nicht persönlich gegen mich gerichtet. Es waren schlicht Wiedergaben von gelernten Vorurteilen.

Egos erkennt man heutzutage am allerbesten im öffentlichen Raum.

Im Straßenverkehr, bei Warteschlangen an Bus und Bahn und ganz besonders bei Sonderangeboten im Geschäft deiner Wahl.

Betrachtet man sich das Verhalten der Menschen in diesen Situationen fühlt man sich wie in einem Theater. Es wirkt wie ein Schauspiel: Jeder will der **Erste**, der **Beste**, der **Schnellste** sein.

Es ist immer wieder spannend zu sehen, wie Menschen ungeduldig aufspringen und zu einem Ausgang drängen. Zum Beispiel in einem Flugzeug. Noch bevor überhaupt die Türen geöffnet werden. Irgendwie scheint ein Bedürfnis zu existieren möglichst weit **vorne** zu sein. Als **Erstes** das Flugzeug zu verlassen.

Ähnlich bei Zügen, da allerdings vor allem beim Einstieg. Nicht nur ist das Gedränge dicht, jeder will auch unbedingt einen Sitzplatz ergattern. Die aussteigenden Gäste werden teilweise schon von denen blockiert, die in den Zug drängen. Lustigerweise passiert das auch, wenn reichlich Sitzplätze zur Verfügung stehen. Jeder möchte den „Vorteil" eines Sitzplatzes, ohne das Umfeld zu betrachten.

Mir selbst begegneten schon einige besondere Exemplare Menschen bei Warteschlangen, oder besser gesagt in Wartebereichen. Noch zu Studienzeiten musste ich einmal einen Brief zur Poststelle bringen. Um Zeit zu sparen, war ich kurz vor der Öffnungszeit an der Post. Vor der Tür befanden sich bereits einige Menschen. Hauptsächlich fortgeschrittenen Alters.

Als dann die Tür aufgeschlossen wurde, drängten sich die Menschen hinein. Ihr Ziel war es **zuerst** am Schalter zu sein. Bereits im normalen Laufschritt war ich schneller unterwegs als die anderen Anwesenden. Ich beschloss also niemanden aufzuhalten. Kurz einen Brief abgeben, dauert nur einige Sekunden. Während ich lief, überholte ich also automatisch die anderen und stand dann direkt am Schalter. Den Brief gerade abgegeben, hörte ich schon die ersten Beschwerden und Kommentare von Fassungslosigkeit hinter mir.

Wie angenommen brauchte ich ca. 15 Sekunden, um den Brief zu übergeben und einen angenehmen Tag zu wünschen. Danach drehte ich mich um und wollte an der nunmehr gebildeten Warteschlange wieder zurück. Mindestens drei der Wartenden haben mich dabei angesprochen. „Das geht aber so nicht! Sie müssen sich hintenanstellen! Ich war früher hier! Eine Unverschämtheit ist das!".

Es hat sich wirklich so zugetragen. Ein völlig absurdes Erlebnis, wenn man bedenkt, dass niemand negativ beeinträchtig wurde. Ich hatte lediglich das Bild von **Gerechtigkeit** der anderen Menschen nicht erfüllt. Einzig das Gefühl oder der Eindruck man würde „benachteiligt" hat gereicht, um mir gegenüber Abneigung zu entwickeln.

Vielleicht sogar Hass.

Wir erinnern uns an unser Gedankenkarussell. Bei einem derartigen Anreiz würden blitzschnell Schlussfolgerungen in unserem Kopf auftauchen.

„Ich wurde benachteiligt?!

Das ist Unrecht!

Der Vordrängler ist ein Verbrecher!

Er macht das mit Absicht!" und noch beliebig so weiter.

Zusätzlich zu derartigen Phänomenen kann sich das Ego noch anders äußern. Die Rede ist von handfestem Konfliktpotential.

Wir haben uns schon mit Konflikten und Gewalt beschäftigt. Die Grundlage dazu liefert allerdings in den meisten Fällen das eigene Ich.

Es gibt Menschen, die warten nur darauf sich angegriffen zu fühlen, um sofort mit einem Angriff ihrerseits gegensteuern zu können.

Hier sind auch wieder die Bilder im eigenen Kopf und die Gedanken Grundlage für das Ausmaß der Eskalation. Fühlt man sich angegriffen oder denkt man, man würde angegriffen oder benachteiligt, folgt die Abwehrreaktion.

Im eben erwähnten Beispiel war es ähnlich. Wir haben gesehen, was der noch nicht handfeste Konflikt dazu sein kann. Anfänglich startet es oft relativ harmlos und zunächst verbal. Der Umbruch zum körperlichen Konflikt kann dann sehr plötzlich erfolgen.

Eine oft unbeachtete Folge von selbstzentriertem Handeln und auftretenden Konflikten ist das Racheverhalten. Einmal begonnen ist der Rachezyklus quasi endlos. So wird das Prinzip „Wie du mir, so ich dir!" zum Leben erweckt. Die letzte Endkonsequenz heißt dann Krieg. Betrachten wir es genau, ist bereits ein „einfacher Streit" zwischen zwei Kontrahenten eine Art Krieg. Egal, ob körperlich oder mental. Zunächst sind die Waffen unsere Worte. Schließlich werden diese Worte dann zu Taten.

Auf dem Weg dahin, sind auch diejenigen kritisch zu betrachten, die ihre eigenen Fähigkeiten ausnutzen, um sich eine Illusion von Macht zu verschaffen. Man könnte sagen, dass sie sich **egoistisch** einen Vorteil sichern wollen.

Macht & Einfluss

Fast alles in der heutigen „modernen" Welt dreht sich um Macht. Damit verbunden ist auch immer Einfluss. Besonders viel Einfluss auf andere Menschen wird als Macht angesehen. Man könnte auch sagen, Einzelne versuchen möglichst viel Befehlsgewalt zu bekommen. Grund dafür ist die Sehnsucht nach Erfolg und das Verlangen des eigenen Egos, der erste, der **beste** zu sein. Besser und höher als alle anderen.

Heutzutage zählt als Erfolg nur viel Geld zu haben oder viel Einfluss. Im besten Fall natürlich beides zusammen.

Sehr deutlich werden diese Einstellungen beispielsweise in Unternehmen mit stark hierarchischen Strukturen ausgelebt. Frei nach dem Motto „Ich Chef, du nix." behandeln sich die verschiedenen Ebenen untereinander. Der Inhaber gegenüber dem Geschäftsführer, der Geschäftsführer gegenüber dem Betriebsleiter, der Betriebsleiter gegenüber dem Bereichsleiter und der Bereichsleiter gegenüber dem einfachen Angestellten.

Aus diesem Strukturdenken kommt auch der Eindruck, der sogenannten Karriereleiter. Der ein oder andere wird sicherlich die Sprüche von Bekannten und Verwandten kennen. Wie: „Du musst erstmal klein anfangen und dich hocharbeiten" Neben den tollen Geschichten, wie man vom Tellerwäscher zum Millionär wird.

Für die Menschen, die in diesem Kreis gefangen sind, hat die eigene Denkweise allerdings enormen Einfluss auf die Lebensqualität.

Zuallererst nimmt man seine eigene Position gar nicht wirklich als **wichtig** war. Ist man beispielsweise angestellt, wird das noch nicht als **Erfolg** angesehen. Man beschäftigt sich also permanent damit, die nächste Stufe zu erreichen. Der aktuelle Job, oder besser gesagt die aktuelle Position wird als **nicht genug** angesehen.

Ist man ehrlich zu sich selbst, kann man so nie seinen Job vollständig ausfüllen, weil man immer nach **mehr** und **mehr** strebt.

Welches **mehr** und **mehr** ist das aber?

Mehr Verantwortung und mehr Arbeit? Oder doch eher mehr Geld und mehr Einfluss, also Macht?

Mir sind selbst auf meinem Weg einige solcher Menschen begegnet, die sich **exakt** so verhalten. Paradox an diesem Phänomen ist jedoch, dass die wenigsten dann mit einer entsprechenden Position auch umgehen können. Am Beispiel der Firma, wäre mehr Geld und Einfluss gleichbedeutend mit einem größeren Verantwortungsbereich. Verantwortung möchten aber die wenigsten übernehmen. Hier entstehen dann die meisten Konflikte. Besonders schlimm äußert sich das bei

Menschen, denen Machtpositionen praktisch in die Wiege gelegt wurden. Können sie nicht damit umgehen, verhalten sie sich wie unantastbare Imperatoren. Das dann auch gegenüber allen, die **unter ihnen** stehen.

An der Stelle wird alles noch verzwickter. Diejenigen, die durch so etwas schlechte Erfahrungen machen, streben umso mehr danach auch in eine Machtposition zu gelangen. Nur damit sie es anderen auch zeigen können. Dieses Streben ist ebenfalls ein Grund, warum Menschen sich anstrengen auf der „Karriereleiter" weiter nach oben zu kommen.

In extremen Fällen geht das Ausnutzen von Macht sogar so weit, dass andere Menschen gezielt manipuliert und so ausgenutzt werden.

Leider sind mir dazu viele Beispiele bekannt, in denen sogenannte Chefs arbeitssuchenden Frauen eine Bevorzugung anbieten, wenn sie ihm sexuelle Dienste leisten. Für mich war es erschreckend festzustellen, wie viele Frauen solche Erlebnisse mit sich herumtragen.

Nicht nur die Arbeitswelt ist voll von Spielen um Macht und Einfluss. Sogar unser privates Leben wird von dem ständigen Streben nach Macht beeinflusst.

Heutzutage wetteifern oft in Partnerschaften beide um die **bessere** Stellung. Niemand möchte **benachteiligt** sein.

Damit ist nicht etwa nur das Gehalt gemeint, was oft zwischen Männern und Frauen sehr unterschiedlich sein kann. Auch die soziale, zwischenmenschliche Position wird beachtet. Genauer heißt das, dass verglichen wird, wer von beiden der **bessere** Mensch ist. Wer welche soziale Stellung hat.

Was jedoch kaum jemand betrachtet ist, dass die Einschätzung einer solchen Stellung einen einzigen Ursprung hat:

Ein erlerntes Wertesystem, nach dem alles bewertet wird. Ursprünge solcher Wertesysteme haben wir uns zu Beginn schon angesehen.

Das Ergebnis lässt dann den Einzelnen nie wirklich zur Ruhe kommen. Es erzeugt zwangsweise eine permanente Unzufriedenheit. Vergleicht man ständig alles und jeden mit einem idealen Wertesystem, können die Vergleichsobjekte nie „den Standard" erfüllen. Solche fehlgeschlagenen Vergleiche mit den eigenen Werten führen zu Unzufriedenheit und Missmut. Alles, während uns diese Gedankenspiele mental beschäftigen und ablenken.

So bleibt man gleichzeitig anfällig für andere Einflüsse.

Wir hatten dazu bereits den Einfluss der Medien angesprochen. Es zählen aber auch die vielen Menschen dazu, die sich auf Kosten anderer einen eigenen Vorteil verschaffen möchten, wie z.B. Verkäufer von Schneeballsystemen für das schnelle Geld.

Die grundsätzlichen Zusammenhänge von Macht und Einfluss haben wir nun also verstanden.

Was aber tun, um sich **nicht** hoffnungslos ausbeuten zu lassen?

Die Antwort liegt im Verständnis des Problems und in der gezielten Schulung einer gewissen Wehrhaftigkeit. Noch besser gesagt der Wiederentdeckung eigener Fähigkeiten, mental und körperlich. Hierfür ist die Kampfkunst ein perfektes Mittel, wie wir noch sehen werden.

Einen Einblick in seine Erfahrungen hierzu gibt uns Si-Jo Klaus:

In meiner Praxis als Wing Chun-Lehrer lernte ich über meine Schüler und Schülerinnen folgendes:

Bei meinen männlichen Studenten konnte ich direkt anfangen, ihnen das System beizubringen. Dagegen musste ich bei den weiblichen erst deren anerzogene Verhaltensmuster lösen.

Sobald mir das aber gelungen war, lernten sie sogar besser und schneller als die meisten Männer.

Sie agierten instinktiv aus ihrem Gefühl heraus. Damit taten sich viele Männer immer wieder schwer.

Gerade hier wurde deutlich, wie stark kopfbezogen ein Mann sein kann.

Durch diese „Verkopftheit" wurde es auch schwer für viele, sich dem wesentlich erfolgreicheren natürlichen Fluss der inneren Energie hinzugeben. Sie hingen stark an den rein praktischen Techniken fest.

Zusätzlich konnte ich beim Unterrichten mit den Jahren noch etwas Anderes beobachten:

Wie bereits gesagt, fiel es Frauen sogar leichter zu lernen. Dennoch verloren fast alle nach einigen Jahren das Interesse daran, den Weg des Wing Chun weiterzugehen.

Berufliche Veränderungen, Familie oder auch nur eine einfache Verschiebung ihrer Interessen waren ihre Gründe.

Das ließ in mir den Glauben aufsteigen, dass es kaum eine Möglichkeit gibt, Frauen alles was ich konnte beizubringen.

Viele Männer dagegen konnte ich über einen Zeitraum von über 10 Jahren unterrichten.

Diese Beobachtung brachte mich fast dazu, eine Zeit lang nur noch Männer unterrichten zu wollen.

Schließlich lernte ich aber, warum Frauen ein Kampfsystem erlernen wollten: Es ist ihnen ein tiefes inneres Bedürfnis Männern ebenbürtig zu sein. Durch ihre eigene Erziehung entsteht in Frauen oft der Eindruck, sie wären den Männern gegenüber benachteiligt.

Damit hatte ich erkannt, dass die Frauen auch die „letzte Bastion" der Männer für sich entdeckt hatten: Die gewaltsame bzw. körperliche Auseinandersetzung.

Es fehlte ihnen allerdings die Erfahrung der Männer in diesem Bereich. Das heißt, Frauen sind von Natur aus nicht so gewalttätig veranlagt, wie vielleicht ein Mann. Hinzu kommt, dass die körperlichen Voraussetzungen sehr unterschiedlich sind. Von Natur aus haben Männer beispielsweise oft mehr Muskelmasse. Es ist allerdings nicht nur das. Die Erziehung hat auch hier einen enormen Einfluss. Trotzdem es sich heute vielmehr wandelt, sind doch viele immer noch darauf „getrimmt" sich lieb und nett zu verhalten. Bei Männern findet man etwas häufiger Bestärkung, wenn es darum geht sich selbst zu behaupten.

Folglich habe ich beschlossen ihnen allen diese geschlechtlich bedingte „Hemmung" einfach zu nehmen.

Ich stellte also meine Unterrichtsweise um.

Für mich waren Schüler ab sofort nur noch eins: gleichwertige Menschen. So behandelte ich sie auch.

Selbst wenn ich die Gruppe ansprach vermied ich eine Differenzierung der Geschlechter. Ich sagte z.B. nicht mehr „Liebe Schüler und Schülerinnen", sondern nur noch „Liebe Schüler".

Das gefiel den Frauen anfangs gar nicht so sehr. Sie fühlten sich dadurch von mir nicht mehr Wert geschätzt.

Mit der Zeit verlor sich diese Einschätzung glücklicherweise, weil sie merkten, dass alle gleichbehandelt wurden.

Ab dann lernten sie, ohne den selbst auferlegten Druck, sich gegen ihre männlichen Mitschüler behaupten zu müssen.

Das Training wurde dadurch sogar besonders gut.

Nicht das Geschlecht entschied über das persönliche Ansehen innerhalb der Gruppe, sondern nur noch der Mensch selbst.

Männer lernten von Frauen sich mehr auf das Gefühl zu verlassen. Frauen lernten von Männern ausdauernder zu sein. Mit diesen Erfahrungen sehe ich heute vieles anders.

Lässt man nämlich anerzogene Vorurteile einfach einmal beiseite bemerkt man, dass zwei Teile, wie Yin und Yang nur zusammen ein Ganzes ergeben.

Im Ergebnis heißt das also, dass wir Menschen getrieben werden von der Motivation nicht unterlegen zu sein. Anders ausgedrückt: man möchte selbst mehr Macht und damit Sicherheit.

Zumindest möchten wir aber auf gar keinen Fall, dass ein anderer Mensch Macht über uns hat.

Nicht zuletzt deshalb schwärmen heute große Teile der Menschheit von sogenannter Gleichberechtigung. Das wird jedenfalls nach außen gerne suggeriert.

Nehmen wir an, wir haben einen Zaun und drei verschieden große Menschen. Der Größte kann mühelos über den Zaun schauen. Der Kleinste sieht gar nichts und der Mittelgroße hat vielleicht Glück und findet ein Astloch. Seine Sicht wird aber dadurch auch eingeschränkt. Ähnlich dem folgenden Bild:

Abb. 1: Karikatur von Craig Froehle

Damit jeder über den Zaun sehen kann, brauchen zwei folglich Hocker. Da beginnt allerdings auch schon das Problem:

- zwei Hocker bedeuten einer geht leer aus
- zwei unterschiedlich hohe Hocker: Wird nun der mit dem Höheren bevorteilt und der Andere benachteiligt?

- drei gleiche Hocker: wird nicht der größte Mensch nun bevorteilt, weil er noch höher steht als die Anderen?
- drei angepasste Hocker: Jeder kann über den Zaun sehen, aber der kleinste Mensch hat den größten Hocker. Der Größte den Kleinsten oder gar keinen. Ist das Gleichberechtigung?

Existiert diese „Gleichberechtigung" also wirklich?

Die drei gleichen Hocker geben uns noch einen zusätzlichen Hinweis.

Selbst mit den gleichen Grundvoraussetzungen entscheidet am Ende doch immer noch das Glück. Der größte Mensch ist und bleibt nun mal von Natur aus größer als die anderen beiden im Beispiel. Wollen wir nun eine **passende** Lösung für das **Problem** finden, müssen wir uns eingestehen, dass wir selbst Teil des Problems sind.

Wer nämlich **definiert** zuerst, ob ein Problem vorliegt?

Wer misst sich dann an, der **Problemlöser** zu sein?

Und wer ist es, der trotz besseren Wissens, einen Vergleich zwischen Menschen zieht, die sich nicht vergleichen lassen?

Wir haben hier also Bilder, Vorurteile, Bewertungen und egoistische Überheblichkeit an uns selbst festgestellt.

Kehren wir zurück zur Macht. In sich selbst würden die wenigsten eine Machtposition ablehnen, wenn sie sie doch einmal bekommen.

An dieser Stelle möchte ich nur das „Stanford Prison Experiment" erwähnen. Hier wurde eine Gruppe Menschen in ein Gefängnis gebracht und beliebig in zwei Gruppen aufgeteilt. Eine Gruppe wurde zu den Wärtern und eine Gruppe waren die Häftlinge. Bereits nach kurzer Zeit gingen die Wächter dazu über, ihre neue Machtposition auszunutzen. Willkür bei Kontrollen oder der Regelerstellung war zu beobachten. Außerdem wurden beim Einsatz von Strafen die Grenzen zu Misshandlungen sehr schnell überschritten. Letztendlich wurden aus den beiden Gruppen ein handfestes **Wir gegen Euch!**

Dieses Experiment veranschaulicht sehr gut, wie aus gleich ungleich wird. Solange alle vermeintlich zu **einer** Gruppe gehören, könnten sich die Einzelnen kaum zu Misshandlungen gegeneinander hinreißen lassen. Sobald jedoch der Eindruck entsteht, dass einige **besser** sind als die anderen ist der Konflikt praktisch vorprogrammiert. Aus diesen unterschiedlichen Wahrnehmungen entstehen dann unterschiedliche **Machtgefüge**.

Man sagt gerne, dass es in dieser Welt nur um zwei Dinge geht: Sex und Macht.

Aus meiner Sicht wird dabei noch etwas ganz Wesentliches vergessen: Der Wunsch nach Unsterblichkeit, nach einem Vermächtnis.

Selbst der mächtigste Mensch weiß, dass er eines Tages sterben muss. Damit wird seine Macht, die er sich so mühsam hier auf Erden erworben hat, mit einem Schlag vorbei sein. Im Angesicht dieser Tatsache entsteht in ihm das Verlangen, etwas **Bedeutendes** zu hinterlassen. Die Nachwelt soll sich wenigstens seiner Bedeutung bewusst bleiben. Vielleicht haben manche von uns auch selbst schon darüber nachgedacht, wie es wohl wäre bekannt und berühmt zu sein.

Beispielsweise weiß niemand mehr, wer die Pyramiden wirklich gebaut hat. Man kennt aber sehr wohl den Pharao, der den Bau befohlen hat.

So wollen auch Menschen mit Macht und Einfluss praktisch **ihren Namen** retten. Heutzutage bauen sie keine Pyramiden mehr, aber es gibt zahlreiche andere Versuche diese Unsterblichkeit zu erreichen.

Auch heute noch große Bauwerke errichtet. Sogenannte Wahrzeichen und Statements. Aushängeschilder für die Macht und den Besitz der Erbauer. Wieder andere versuchen vielleicht große Markennamen zu erschaffen. Es gibt praktisch nichts, was unversucht gelassen wird.

Daran können wir sehen, welchen Stellenwert das Gefühl von Macht und Einfluss haben kann. Gleichzeitig wissen wir aber, dass alles Weltliche nicht von Dauer sein kann.

Bisher haben wir hauptsächlich von Macht im „höheren" Sinn gesprochen. Das heißt also von Macht und Einfluss, der sich über lange Zeit und viele Menschen erstreckt.

Die kurz angesprochene gewaltsame, körperliche Auseinandersetzung beinhaltet allerdings noch einen Aspekt von Macht. Die Rede ist von direkter Macht gegenüber einem anderen Menschen. Genauer gesagt geht es um das Gefühl der Dominanz.

Gewaltvolle Konflikte, egal ob körperlich oder „nur" verbal haben in fast allen Fällen ihre Ursache in einem Dominanzgefälle.

Konflikte & Gewalt

Woher kommt eigentlich Gewalt? Wie entstehen Konflikte?

Einige Grundlagen hatten wir schon in **Spiel auf Sieg** erläutert.

Weitere Erkenntnisse haben wir hier gewonnen.

Es gibt verschieden Einflussfaktoren für Gewalt.

Wir haben erkannt, dass Konflikte nur **eine** Endkonsequenz haben. Egal wie sehr man versucht sich herauszureden. Führt man die Konsequenzen bis zum Schluss, kommt es immer zum selben Ergebnis:

Eine vermeintliche Ungerechtigkeit führt zu einem verletzten Selbstbild, einem daraus verletzten Ego und dem angesprochenen Gedankenkarussell. Schließlich entsteht Unmut beim Betroffenen. Dessen Gedanken führen zum Wunsch nach **Gerechtigkeit**, was nichts anderes bedeutet als Rache. Wird die Rache geübt, wechselt die Rolle des Betroffenen. Damit wechselt auch das Rachebedürfnis wieder.

Es beginnt ein Kreislauf. Natürlich steigert sich von Mal zu Mal die Intensität der Rache. Aus kleinen Konflikten werden größere und größere. Schließlich wird man am Punkt der körperlichen Auseinandersetzung stehen. Erweitert man nun noch den Blickwinkel und sieht zwei Staatschefs mit entsprechender Macht, ist der erste Schritt zum Krieg der Länder nicht mehr weit. Bis dann schließlich tatsächlich Krieg ausbricht.

Man kann aber auch im kleineren Maßstab von Krieg sprechen. Jeder für sich führt in gewisser Weise Krieg.

Bereits bei Manipulation haben wir gesehen, wie zwischenmenschliche Interaktion sich auswirken kann. Im Prinzip sind solche Manipulationen oder psychologischen Spielchen nichts anderes als taktische Schachzüge für einen Krieg. Es sind zwar sehr kleine Gefechte gegen Kollegen oder andere Menschen, aber dennoch sind es Teile eines Kriegs.

Hinzu kommt noch eine besondere Tatsache.

Alles, was wir bisher betrachtet haben, spielt dafür zusammen. Das heißt also Ego, Sprache, Stress, Missverständnisse, Gedanken, Gefühle und das Streben nach Macht, oder einer besseren Stellung.

Ein Zusammenspiel aus all diesen Aspekten hat es ermöglicht, die Menschen über Jahre zu teilen und zu spalten. Beobachtet man die Bevölkerung lässt sich diese Aufspaltung in viele kleine Gruppen leicht feststellen.

Jung gegen Alt.

Fleischesser gegen Vegetarier und Veganer. Sogar Vegetarier gegen Veganer.

Links gegen Rechts.

Bauer gegen Intellektuelle.

Arbeiter gegen Intellektuelle.

Bürger gegen Politiker.

Handwerker gegen Studierte.

Ein Land gegen das Andere.

Das sind nur einige Beispiele. Die Spaltung setzt sich noch viel tiefer fort und schafft immer noch kleinere Gruppen. Zu dieser Spaltung leisten die bereits erwähnten Medien einen nicht unerheblichen Beitrag.

Man könnte sagen, dass die genannten Gruppen auch sogenannten Stereotypen entsprechen. Das heißt also, sie funktionieren wie Vorurteile.

Was sind aber Stereotypen?

Es sind Bilder. Vorstellungen. Durch unsere Erziehung kennengelernt, in unseren Erinnerungen festgehalten und durch unsere Gedanken verfestigt und weiter ausgebaute Fantasiebilder. Immer wieder bestärkt durch äußere, mediale Einflüsse, die uns Ähnliches suggerieren.

Das heißt also, dass wir basierend auf nicht realen Vorstellungen unsere Mitmenschen kategorisieren, einteilen, **aufteilen**.

Im Ergebnis führt diese Teilung und Aufspaltung dann am Ende immer in eine Richtung: Konflikte, Gewalt und schließlich Krieg. Allein dem Grundsatz folgend „Der-, oder diejenige ist **anders** als ich."

Was ein Krieg in einem Menschen anrichten kann, beschreibt die schwedische Band Sabaton sehr gut. Schauen wir uns einige Zeilen Ihres Titels „En Livstid I Krig" genauer an.

Bland fränder från min by	Mit Freunden aus meiner Heimat
så drog jag ut i strid	Zog ich aus in den Kampf.
Och världen brann	Und die Welt brannte.
För kriget det kan	Denn Krieg vermag es,
Förgöra en man	einen Mann zu zerstören.
Jag ger mitt liv	Ich gebe mein Leben
för mitt fosterland	Für mein Heimatland.
Men vem saknar mig?	Doch wer wird mich vermissen?
Så se mig som den	So seht mich als den einen,
En make, en vän	Einen Ehemann, einen Freund.
Fader och son	Vater und Sohn
som aldrig kommer hem	Der niemals heimkehren wird.
Men vem sörjer mig?	Doch wer wird um mich trauern?

Hier wird die psychische Belastung für einen Soldaten beschrieben. Nicht zuletzt werden Menschen geblendet mit falschen Versprechungen. Nur damit sie für irgendein Ziel in den Krieg ziehen.

Dieses völlig sinnlose Unterfangen zeigt uns die Band mit einem anderen Titel: „Great War".

Where is this greatness	Wo ist diese Großartigkeit
I've been told?	Die mir versprochen wurde?
This is the lies that we been sold	Das sind die Lügen, die uns verkauft wurden.
Is this a worthy sacrifice?	Ist das ein würdiges Opfer?

Das Hauptaugenmerk liegt hier auf dem Verrat an den Menschen, die unter falschen Vorwänden in einen Krieg gelockt werden.

Manchmal wird ein handfester Krieg also auch bewusst gefördert und ausgelöst. Dazu möchte ich noch einmal auf einen Songtext der Band Disturbed eingehen.

In ihrem Werk „No More" wird die bewusste Förderung von Krieg sehr treffend beschrieben.

Once again we hear them calling	Wieder einmal hören wir sie nach
for war	Krieg rufen.
It doesn't matter	Es ist egal
what they're fighting for	für was sie kämpfen
They light the match and watch	Sie entzünden das Streichholz und
the whole world burst into flame	sehen zu, wie die Welt in Flammen
The story's always the same	aufgeht.
	Es ist immer dieselbe Geschichte.
So tell me, people, are you ready to	Also sagt mir Menschen, seid ihr
kill?	bereit zu töten?
Behold the propaganda,	Sieh dir die Propaganda an,
get your fill	sieh dich satt.
A distant enemy is threatening our	Ein ferner Feind bedroht erneut un-
freedom again	sere Freiheit.
How much would you like to	Wieviel würdest du
spend?	gerne bezahlen?
Millions are falling in line	Millionen stellen sich in Reihe
And it's just a matter of time	Und es ist nur eine Frage der Zeit.
	Endlose Zerstörung wird dafür
Endless destruction will ensure	sorgen, dass Ihre Taschen immer
their pockets are lined	gefüllt sind.
For all time	Für alle Zeit.
[...]	[...]

No more defending the lies	Kein weiteres Verteidigen der
Behind the never-ending war	Lügen
	Hinter dem niemals endenden
	Krieg.
It's time to make them realize	Es ist Zeit Ihnen klarzumachen,
We will no longer be their whore	dass wir nicht länger Ihre Huren
	sein werden.
They don't care about the blood on	Sie interessieren sich nicht für das
their hands	Blut an Ihren Händen.
Look at the world, and you will un-	Sieh dir die Welt an und du wirst es
derstand	verstehen.
They count the money as the	Sie zählen das Geld, während die
innocent continue to bleed	Unschuldigen weiter bluten.
They're always planting the seed	Sie sähen immer wieder
	den Samen.
So tell me, people, are you ready to	Also sagt mir Menschen, seid ihr
die	bereit zu sterben?
Without believing in the reason	Ohne an den Grund dafür zu glau-
why?	ben?
They paint a picture, and the whole	Sie malen ein Bild und die ganze
damn world is deceived	verdammte Welt wird getäuscht.
It's all that they ever need	Das ist alles was sie jemals
[...]	brauchen.
No, it can't be disguised anymore	Nein, es kann nicht mehr versteckt
How they smile as we pay for their	werden, wie sie grinsen während
war	wir für Ihren Krieg bezahlen.

Sowohl mediale Einflüsse als auch einige Machthaber werden als Kriegstreiber identifiziert. Außerdem spricht die Band ebenso von Bildern, die den Menschen vorgemalt werden.

Kurz gesagt zeigen sie uns, wie Krieg gelebt wird: als Geschäftsmodell. Das Leid anderer, „kleinerer" wird gezielt genutzt um materielle Gewinne zu erzielen. Hauptsächlich geht es dabei um Geld. Daran können wir erkennen, dass wieder Macht und Einfluss an vorderster Front stehen. Das heißt also der eigene Vorteil steht im Fokus. So kommen wir auch wieder zurück zum Ego. Im Grunde gibt es keine Rechtfertigung von Krieg und gewaltsamen Konflikten. Nur einzelne Menschen finden ihre Gründe im Hass auf andere Menschen oder Gruppen. Solcher Hass entsteht fast immer aus geschürter Angst.

3.3 Angst & Hass

Disturbed – Who taught you how to hate?

I hear the voices echoing around me	Ich höre die Stimmen um mich herum im Echo.
Angered eyes that don't even know who I am	Verägerte Augen, die nicht einmal wissen wer ich bin.
Looking to kill again	Halten Ausschau, wieder töten zu
(They will kill again)	können. (Sie werden wieder töten)
As the unknown enemies surround me	So wie die unbekannten Feinde mich umzingeln, erhebt sich ver-
Wicked laughter resonates inside my head	rücktes Lachen in meinem Kopf.
And I am filled with dread	Und ich bin durchflutet von Angst
(And adrenaline)	(und Adrenalin).
What did I do?	Was habe ich getan?
Why do I deserve this?	Warum verdiene ich das?
So we're different, why do I deserve to die now?	Wir sind also verschieden, warum verdiene ich jetzt zu sterben?
Give me a reason why?	Gib mir einen Grund warum!?
Then it all goes a blur	Dann verschwimmt alles.
Let instinct take flight	Lasse den Instinkt übernehmen.

Find my hands on his throat
Yet hear myself say:

Tell me now,
who taught you how to hate?
'cause it isn't in your blood
Not a part of what you're made

So let this be understood
Somebody taught you
how to hate
[...]

Finde meine Hände an seiner
Kehle.
Schon höre ich mich sagen:
Sag mir jetzt, wer hat dir beige-
bracht zu hassen?
Denn es ist nicht in deinem Blut.
Kein Teil von dem aus dem du bist.

Also lass dir das gesagt sein:
Jemand hat dir beigebracht zu
hassen.

Ein ziemlich passender Einstieg, wenn wir über Angst und Hass sprechen wollen.

Die Band Disturbed greift in ihrem Werk nicht nur direkt Mobbing, sondern Hass als Ganzes auf. Der Liedtext spricht an der Stelle für sich.

Schon im ersten Band sind wir auf das Thema der Angst und Furcht genauer eingegangen. Ihre Funktionsweise, ihren Ursprung und auch den wichtigen Unterschied zwischen Furcht und Angst haben wir betrachtet.

Angst alleine hat so viele verschiedene Aspekte, dass man noch mehr Bücher damit füllen kann.

Hier möchten wir uns anschauen welche Auswirkungen Angst und ein entsprechendes Angstbewusstsein mit sich bringt.

Die Betrachtung der Funktionsweise unserer Gedanken und dem Mechanismus, der hinter Erinnerungen steckt, gibt uns den Ansatz zum Verstehen von Angst.

Ganz simpel gesagt, lässt sich Angst **bildlich** beschreiben als ein Baum.

Abb. 2: Angst als Baum

Den dargestellten Baum haben wir nicht ohne Grund gewählt.

Was fällt an diesem Exemplar ganz besonders auf?

Wir haben es mit **reichlich** und **starken** Wurzeln zu tun. Der Stamm ist stark und von ihm gehen sehr viele, unterschiedlich ausgeprägte Äste ab. Diese Äste wiederum tragen Blätter und schließlich auch Früchte.

Eben haben wir angesprochen, dass Angst sich wie ein Baum beschreiben lässt. Sie ist meist tief in uns verwurzelt. Wir sind wie die Erde für den Baum. Je länger sie besteht, umso stärker bildet sie sich aus. Diese Verstärkung wird maßgeblich durch unsere eigenen Gedanken gesteuert, wie wir im ersten Band gelernt haben. Gleichzeitig wachsen als Folge immer mehr Äste aus dem Stamm heraus. Sie repräsentieren die Arten von Angst. Die letztendlichen Ausbrüche von Angst sind dann schließlich die Blätter und Früchte.

Angenommen es gäbe nur diesen einen Baum und die Erde in der er wächst. Die Blätter werden immer dichter. Sie absorbieren das ganze Sonnenlicht. Bis sie schließlich zu schwer für die Äste und den Baum werden. Um dieses Gewicht zu tragen braucht es eine starke Struktur. Die Wurzeln des Baumes werden also immer tiefer und der Baum stärker. So bedingt also Eins das Andere. Gemeint sind wieder unsere Gedanken. Sie sind wie ein Wachstumsbeschleuniger für die Blätter.

Beschneidet man die Äste, bleiben dennoch der Stamm und die Wurzeln weiterhin erhalten. Dementsprechend würde dieses Beschneiden eine Lebensaufgabe werden.

Selbst wenn man den Baum am Stamm fällen würde, wären die Wurzeln ausreichend um neue Triebe wachsen zu lassen.

Was bleibt ist nur die komplette Entwurzelung des Baumes. Nur so beendet man das Wachstum. Reißt man die Wurzel von Angst heraus, wird sie für immer vom Boden getrennt sein und kann nie wieder wachsen und das Licht verdecken.

Nun haben wir nur noch nicht geklärt, was sich genau hinter den einzelnen Bestandteilen des Baumes versteckt.

Ursächlich für Angst sind hauptsächlich Erinnerungen an unschöne Ereignisse. Wie wir wissen, **entstehen** solche Erinnerungen durch Abspeichern von Gedanken. Deshalb sind also die Wurzeln des Baumes die durch Gedanken entstandenen Erinnerungen. Diese Wurzeln werden mit jeder „Auffrischung" stärker.

Der Stamm des Baumes, von dem aus die verschiedenen Äste wachsen können, ist die Manifestation von (aktuellen) Gedanken. Beispielsweise sind das Schlussfolgerungen oder Verhaltensmuster, die wir haben, uns aber teilweise nicht erklären können.

Was die Äste betrifft hatten wir bereits erwähnt, dass sie die vielen verschiedenen Arten von Angst widerspiegeln. So zum Beispiel Verlustangst, Höhenangst, Angst vor bestimmten Tieren, Angst vor Einsamkeit und noch vielen, vielen mehr.

Schließlich bleiben als Früchte die Konsequenzen der jeweiligen Angst. Das heißt also beispielsweise Panikattacken, Schweißausbrüche, Handlungsunfähigkeit und vielleicht sogar Depressionen.

In besonderen Fällen entsteht als Frucht auch Hass. Besonders dann, wenn die Blüten zuvor von außen entsprechend bestäubt wurden. Erinnern wir uns an den Liedtext zu Beginn, wird das Ganze klar. „Who **taught** you how to hate?".

Es ist Hass gegenüber Gruppen, Menschen, Tieren oder anderen Dingen. Dieses Gefühl spiegelt eine tiefe Abneigung wider, die durch eine Angst hervorgerufen wird. Die Angst etwas nicht zu haben, was ein anderer vielleicht hat. Ebenso hat Hass, wie wir noch sehen werden eine enge Korrespondenz mit dem eigenen Selbst.

Zusammen mit den Erkenntnissen aus **„DIE Selbstverteidigung - Spiel auf Sieg"** wäre damit Angst vollständig beschrieben. Wir haben dort erkannt, welche Unterschiede zwischen Angst und Furcht bestehen. Mit den tieferen Betrachtungen jetzt, haben wir auch die speziellen Eigenschaften von Angst herausgestellt.

Besonders beim Thema Angst erkennen viele Menschen nicht den Unterschied zwischen Ursache und Wirkung. Wird Angst betrachtet, gehen die meisten **nur** auf Symptome ein. Es werden vollumfängliche Erklärungen verfasst und Systeme entwickelt und ausgetauscht, die helfen sollen mit Angst „umzugehen". Dabei heißt das in Wirklichkeit einen Umgang mit dem **Symptom** zu erlernen. Ohne die Ursache, die Wurzel zu entfernen, wird sich allerdings an der Angst nichts ändern. Ändert sich das Symptom, gibt es glücklicherweise sofort eine neue Methode damit umzugehen. Damit wären wir wieder bei den am Anfang angesprochenen Predigern, die nur darauf warten ihre „Hilfe" anzubieten.

Ich möchte trotzdem noch auf einige weitere wichtige Punkte eingehen, damit wir ein besseres Verständnis der Problematik bekommen.

Viele kluge Köpfe unserer Zeit verweisen bei Angststörungen immer auf traumatische Kindheitserlebnisse.

Das ist auch richtig, aber oft verstehen das die Betroffenen selbst nicht. Angstpsychosen sind im Grunde durch Angst erzeugte Verhaltensweisen bzw. Auswirkungen der Angst, ähnlich den Blättern unseres Baumes.

Betrachten wir einen unauffälligen, verheirateten Mann:

Er weiß beispielsweise gar nicht, warum er oft jähzornig und aggressiv seiner Frau gegenüber ist. Nur, weil sie ohne sein Wissen ein paar Stunden außer Haus war.

Er sucht praktisch nach den Problemen, die ihn dazu bringen sich so zu verhalten. Gerade das ist aber meist der falsche Weg. Paradox ist wie gesagt, dass er gar nicht merkt, dass er selbst nach solchen „Fehlern" sucht.

Würde er sich einmal zurückerinnern, würde ihm vielleicht eine Begebenheit aus seiner Kindheit einfallen:

Ein Elternteil sagt ihm vielleicht zur Beruhigung: „Ich bin bald wieder da".

In Wirklichkeit war die Rückkehr aber dann nicht „bald", sondern stark verspätet, aus welchen Gründen auch immer.

Vielleicht waren es aber auch beide Elternteile, die ihn einfach mit denselben beruhigenden Worten bei den Großeltern abgegeben haben, um alleine ihren Urlaub zu verbringen.

Was jedoch für das Kind zu spüren war, ist schlicht das **Gefühl** des **Verlassenwerdens**. Mit jedem Tag Ungewissheit, ob und wann die Eltern zurückkehren, drehten sich seine Gedanken allein um dieses Thema. *„Wann sind sie wieder da? Heute? Morgen? Was, wenn sie gar nicht wiederkommen? Was wird aus mir? Wo soll ich hin? Was soll ich tun? Ich will nicht alleine sein".* Im Ergebnis stieg damit Tag für Tag die Angst vorm Alleingelassenwerden.

Das ist die beschriebene Manifestation von Gedanken. Die Angst wächst, durch die permanente und wiederholende Denkweise über die Einsamkeit.

Selbst eine kurze Zeit hinterlässt Spuren. Ein Kind weiß instinktiv, dass es ohne seine Eltern hilflos ist, also nicht überleben kann.

„Wir sind bald zurück, mach dir keine Sorgen", sind Aussagen, die die zeitweise Trennung vom Sprössling eigentlich erleichtern sollen. Bewirken sie doch eher das genaue Gegenteil.

Eltern können gar nicht großartig anders argumentieren. Sachlich und praktisch haben sie auch recht mit ihrer Aussage.

Das Kind versteht aber nicht das **Warum**, wenn sie doch einmal nicht kommen. Nicht zuletzt ist die Einschätzung von „bald" auch deutlich unterschiedlich zwischen Eltern und Kind. So, wie wir es schon bei psychologischer Zeit sehen konnten.

Das Ergebnis der steigenden Angst sind dann Gefühle wie Trauer und Zorn. Sie wären die Früchte an einem noch jungen Baum

Leider haben Kinder und Menschen im Allgemeinen bei solchen Erfahrungen ein sehr gutes Gedächtnis. Sie speichern den Gefühlszustand als deutliches Bild ab. Sinngemäß ist der Schmerz ein starker Pinsel. Entsprechend lange werden sie sich daran erinnern können.

Deshalb werden dann, wenn ähnliche Situationen im Erwachsenendasein auftreten, die Bilder **verglichen**.

Es findet dann fast schon reflexartig eine Reaktion statt. Die Angst wird wie in unserem Beispiel eben auf den Partner übertragen. Der Beschuldigte schätzt die Situation natürlich anders ein und reagiert wahrscheinlich mit Unverständnis. Für ihn sieht es so aus, als ist der Jähzornige grundlos aggressiv. Dabei erinnert er sich nur an ein Verlassenwerden von früher und bringt seine Gefühle zum Ausdruck. Diese Gefühle sind praktisch nur eine **Wiederholung** der Vergangenheit.

Immer wenn Angst auf Unverständnis stößt, kann das zu schwer belastenden Problemen führen. Es braucht dann nur einen Impuls einer bestimmten Richtung und schon entsteht Hass.

Im Gegenzug zum Alleinsein, können Kinder auch noch anders nachhaltig verletzt werden.

Dazu zählen bestimmte Bestrafungsmethoden.

Beispielsweise ein Kind zu ignorieren, wenn es sich nicht so verhalten hat, wie man es von ihm erwartet hat.

Das Kind empfindet dabei Liebesentzug. Viel tiefgreifender als es sich so mancher Erwachsene überhaupt vorstellen kann.

Genauso finden auch Versagensängste oft darin ihren Ursprung. Das Kind hat schlicht Angst etwas „falsch" zu machen.

Bevor Mutti oder Vati es dann nicht mehr liebhaben, lernt es schon in seinem noch jungen Leben eine Art der Vermeidung.

Lieber wird also Aufgaben ausgewichen, nur um sie nicht **falsch** zu machen.

In extremen Fällen steigert sich dieses Verhalten bis zu einem absoluten Höhepunkt. Es werden dann gezielt Situationen gesucht, die einen liebevollen Umgang für das Kind bedeuten. Gemeint ist die Flucht in „Krankheit".

Das Kind hat gelernt und weiß: *„Wenn ich krank bin, sind alle lieb zu mir. Dann bekomme ich Geschenke, man spielt mit mir und Mutti und Papa kümmern sich ganz viel um mich."*.

Demnach wird für das Kind Kranksein etwas „Gutes" und quasi erstrebenswert. Besonders gefährlich daran ist, dass so der

Grundstein gelegt wird für wirkliche Krankheiten und Beschwerden im Erwachsenenalter. Dort kann dann aber meist niemand mehr nachvollziehen woher bestimmte Gebrechen kommen. Es gilt wieder: unsere Gedanken **bilden** unsere Realität.

In der ständigen Angst zu leben verlassen zu werden oder ungeliebt zu sein, ist sehr unangenehm.

Ein wichtiger Aspekt kommt noch erschwerend hinzu.

Wie eben beschrieben, lernen Kinder so nicht sich selbst zu entwickeln, sondern nur eine Rolle zu spielen. Die des Kranken wäre eine solche Rolle. Andererseits gibt es auch die des perfekten Menschen. Zumindest so wie ihre Eltern sich dieses Ideal vorstellen. Um perfekt zu sein, braucht es Kontrolle und ein großes Idealbild. In der Folge entstehen dann beispielsweise absolute Egoisten mit großem Selbstbild oder Kontrollfreaks mit extremer Eifersucht. Sie würden dann am liebsten alle kontrollieren und manipulieren, damit sie alles so **regeln** können, dass ihre inneren Befürchtungen nicht eintreten. Ohne es selbst genau nachvollziehen zu können, wollen sie Wiederholungen schmerzhafter Erinnerungen umgehen.

Soweit also zu einigen Aspekten der Kindheit. Wie sieht es nun bei Erwachsenen aus?

Im Umgang mit Ängsten schwören neben der Kindheitstheorie und dem Umgang mit der **schweren** Kindheit viele auch auf die Konfrontationsmethode. Man soll so Herr über die eigenen Ängste werden.

Zugegeben, sie erzielten in vielen Gebieten der Angstbewältigung enorme Erfolge. Trotzdem halte ich die Methode selbst nur für **eine** Art, mit den eigenen Ängsten **umzugehen**. Die direkte Konfrontation soll eine Angst „verschwinden" lassen. So soll man bei Höhenangst auf Berge steigen, oder aus einem Flugzeug einen Fallschirmsprung machen. Manche versuchen auch auf ähnliche Weise ihrer Angst vor körperlichen Konflikten zu begegnen. Leider verwechseln diese Menschen Angst mit Furcht. Ihre Erfolgsaussichten sind demnach eher gering. Hierbei handelt es sich nämlich um den bereits erwähnten Umgang mit den Symptomen von Angst, nicht der Angst selbst. Dort wo diese Methode gute Ergebnisse erzielt, liegt in vielen Fällen gar keine richtige Angst vor. Beispielsweise ist Nervosität und Anspannung vor einer Rede oder einer Präsentation vor einer größeren Anzahl Zuhörer keine Angst. Es ist Unsicherheit durch eine „unbekannte" Situation. Die Konfrontation mit solchen Aufgaben wird dazu führen, dass ein zunehmendes Gefühl von der Sicherheit entsteht. Von Beginn an war keine Angst vorhanden.

Es sollte allerdings niemand der Angst vor Wasser hat, mitten im offenen Ozean von Bord eines Schiffes springen und versuchen damit seine Angst zu bewältigen. Wie leicht würde er einfach nur ertrinken.

Es ist wohl als logisch anzusehen, dass das auch niemand freiwillig machen würde.

Im Folgenden wird auch Si-Jo Klaus Haas einige seiner Erfahrungen zum Thema Angst erläutern:

In meinen jungen Jahren hatte ich eine Freundin, die Schlangen liebte. Nicht nur das, sie hielt sich auch gleich ein paar davon. Natürlich zu meinem Unbehagen.

Darunter auch eine Boa und eine Python, die nur zur Nacht in ihr Terrarium kamen. Tagsüber hingen sie an einem Astgebilde frei in ihrer Wohnung.

„Sie sind wie Hunde, völlig harmlos", sagte sie mir immer wieder. Sie konnte nicht verstehen, dass ich ihnen gegenüber Vorbehalte hegte.

Angst hatte ich nicht vor ihnen. Ich konnte sie auch anfassen, aber eben nicht gerne. Ich mag eben keine Schlangen. Daran änderte es auch nichts, dass die Tiere wirklich ungefährlich waren.

Eines Nachts hatte meine Freundin wohl irgendwie vergessen die Tür richtig zu schließen, da entwich die Boa und suchte im Bett nach Wärme.

Zu meinem Verdruss ausgerechnet bei mir.

Ich kann dir sagen, es ist schon von besonderem Reiz mitten in der Nacht durch eine Riesenschlange geweckt zu werden, die sich an dich kuschelt.

Wenn auch das Tierchen ansonsten harmlos war, hätte ich sie mit einer schnellen oder panischen Reaktion erschrecken können und sie dadurch eventuell zum Beißen gebracht.

Völlig schlaftrunken behielt ich trotzdem die Ruhe, weckte vorsichtig meine Freundin, die darauf das Tier seelenruhig aufnahm und wieder in ihr Becken setzte, diesmal die Tür aber richtig verschloss. Zwar konnte sie nun nicht mehr heraus, aber dennoch war die Nacht für mich vorbei.

Jetzt, viele Jahre später, mag ich immer noch keine Schlangen. Ungiftige Arten kann ich anfassen, bei Giftschlangen würde ich das jedoch niemals versuchen.

Wovor ich allerdings Angst habe, ist Höhe. Zumindest laut Begriff. Um diese Höhenangst zu besiegen, habe ich schon die verrücktesten Sachen gemacht.

Ich stand auf Notre-Dame und habe mich weit über die Brüstung gelehnt: kein Problem.

Hohe Dächer, Brücken, Berge: alles kein Problem.

Trotzdem mag ich auf keine Leiter gehen, auch wenn sie noch

so niedrig ist.

Habe ich also Angst vor Leitern?

Nein, nicht wirklich, denn ich kann es ja, wenn ich will.

Ich möchte es nur einfach nicht.

Was Si-Jo Klaus hier beschreibt, ist genau der Unterschied zwischen Angst und Furcht, den wir in Band Eins beleuchtet haben. Es ist keine Angst vor Schlangen oder vor Höhe. Diese beiden Beispiele zeigen eine **Furcht**. Praktisch heißt das aber nichts Schlechtes. Es ist eine gewisse (Über-)Lebensintelligenz. Wir Menschen können auf den ersten Blick nicht erkennen, ob Schlangen giftig oder ungiftig sind. Das heißt wir können die Gefährlichkeit nicht einschätzen. Furcht vor Schlangen verhindert den unvorsichtigen Umgang mit den Tieren.

Nimmt man die Höhe, ist zu Recht das Benutzen einer wackeligen Leiter furchteinflößender als an einer gesicherten Brüstung zu stehen. So beugen wir einem potenziellen Fall vor. Praktisch lässt sich also von Überlebensintelligenz sprechen, wenn wir automatisch versuchen gefährliche Situationen zu meiden.

Zu Verlustangst hat Si-Jo Klaus ebenfalls eine bemerkenswerte Eigenerfahrung machen dürfen.

In einem unserer Seminare spielten die Anwesenden ein Rollenspiel.

Der Seminarleiter spielte den Rudelführer.

Das fiel ihm leicht, da er aufgrund seiner Position bereits von allen Anwesenden als Anführer anerkannt wurde.

Er wählte zum Spiel zwei Frauen aus.

Die eine mittleren Alters, die andere wesentlich jünger.

Zunächst stellte er sich mit der Älteren eine Situation vor, die sie in die Urzeit versetzte. Sie lebten in einer Höhle und er ging für sie jagen. Sobald er nach Hause kam, gab er ihr die erbeutete Nahrung und schenkte seiner Frau Beachtung. Er nahm sie in den Arm und drückte sie. Die Frau lächelte und hatte sichtlich Spaß an ihrer Rolle.

Bis er sich urplötzlich einfach von ihr abwendete.

Sich der Jüngeren zuwendete, diese jetzt in den Arm nahm und zur Älteren schroff sagte: „Verschwinde, ich will dich nicht mehr! Ich will jetzt lieber sie!"

Den Gesichtsausdruck der Teilnehmerin in diesem Moment werde ich nie vergessen.

Mit bleichem Gesicht und Tränen in den Augen blickte sie völlig verzweifelt, ja sogar hilflos in die Runde.

Die anderen Teilnehmer waren durch die Frau sichtlich bewegt und einige sahen sogar den Seminarleiter etwas vorwurfsvoll an.

Selbst nachdem er die Situation wieder aufgelöst hatte und der Frau wieder klar wurde, dass es nur ein Spiel gewesen war, dauerte es dennoch einige Momente, bis sie sich wieder ganz gefangen hatte.

Auf die Frage nach ihren Empfindungen antwortete sie, sie habe echte Angst und Panik bekommen jetzt verlassen zu werden.

Es war aber auch die Angst dabei jetzt der Wildnis schutzlos ausgeliefert zu sein und eventuell verhungern oder erfrieren zu müssen.

Das alles geschah an einem heißen Sommertag, in einer großen Sporthalle und unter Anwesenheit von ca. 20 Personen. Sowie mit einem „Partner", der gar nicht ihrer war.

Um wie viel bedrohlicher dieses Spiel für sie in einer echten häuslichen Situation mit ihrem echten Partner gewesen wäre, möchte ich mir hier lieber nicht vorstellen.

Eines soll aber nicht unerwähnt bleiben:

Natürlich hat sich unser Seminarleiter durch ein paar geschickt gestellte Fragen vorher davon überzeugt, dass bei keiner der beiden Teilnehmerinnen derzeit eine reale Einsamkeitssituation existiert.

Ein verantwortungsloser Umgang mit ihren Emotionen hätte sie ansonsten nur unnötig belastet.

Unser Ziel bei solchen Seminaren ist es, dass sich die Teilnehmer danach besser fühlen und nicht schlechter.

Dieses Praxisbeispiel zeigt uns eindrücklich, welche Wirkung unsere Gedanken entfalten können. Neben den Emotionen werden Schreckensbilder erschaffen, die die Gefühle noch verstärken. Schutzlosigkeit, Hunger, Kälte, Einsamkeit. Alles entstanden im eigenen Kopf während eines kleinen Rollenspiels. Die eigenen Gedanken haben durch diese Bilder Angst hervorgerufen, sie erschaffen.

Zum Abschluss werfen wir zusammenfassend noch einen Blick auf den zweiten Teil des Liedtextes von Disturbed:

A father's pride,	Der Stolz eines Vaters,
my son walking beside me	mein Sohn, der neben mir läuft.
I look around and marvel how the	Ich sehe mich um und freue mich
children play	darüber, wie die Kinder spielen.

In perfect disarray (So innocent)

No judgement, pure exhilaration
Black to white, the colors aren't on
their minds
Nothing predefined
(All different)

There's always one who
plants an evil seed and
Preaches fear to pull you
to the other side
Into a world of lies

[...]
Everything is unsure
When you've lost your sight

Can there still be a cure?
What made you this way?

Lost all innocence
Infected and arrogant
You burn all your life
(There's no telling you)

No deliverance

In perfekter Unordnung
(so unschuldig)
Keine Verurteilung, reine Lebensfreude. Schwarz zu weiß, Farben
sind nicht in ihrem Kopf.
Nichts vorherbestimmt.
(Alle unterschiedlich)

Es gibt immer einen der einen Sa-
men des Bösen säht und Furcht
predigt, um dich auf die andere
Seite zu ziehen.
In eine Welt aus Lügen.

Alles ist unsicher,
wenn du deine (klare) Sicht verloren hast.
Kann trotzdem eine Heilung existieren? Was hat dich so gemacht?

Alle Unschuld verloren.
Infiziert und arrogant,
brennst du dein ganzes Leben.
(Man kann es dir nicht erklären)

Keine Erlösung.

Consumed by the pestilence of hate, you're denied	Aufgefressen von der Pest des Hasses, wirst du abgelehnt.
Deep in your heart does it still remain?	Tief in deinem Herzen, ist es da noch immer?
Do you think you can bring it Back to life again?	Denkst du, du kannst es wiederbeleben?
Is it still in your soul?	Ist es noch in deiner Seele?
(No saving you)	(keine Rettung für dich)
Where's the deviant	Wo ist der Verführer,
The unholy revenant	der unheilige Wiedererstandene,
That has made you this way?	der dich so gemacht hat?
Made you fall for this hate	Der dich dem Hass hat verfallen
When you live this way, you become [...]	lassen. Wenn du so lebst, wirst du eines werden: [...]
dead to everyone	Tot für jeden.

Sie beschreiben uns perfekt, wie unnatürlich Hass ist und zeigen uns mit bildlichen Beispielen die Folgen. Lassen wir uns von Angst und Hass leiten, werden wir **blind**. Beides sind Erscheinungen, die uns blenden und damit das Leben erschweren. Besonders in Wechselwirkungen mit unseren Mitmenschen.

4 Beziehungen

Egal, ob wir jemanden frisch kennenlernen, oder unsere Freunde und Verwandten betrachten: Mit der ersten Begegnung beginnt eine Beziehung zu einem anderen Menschen.

Wir können zum Beispiel private, geschäftliche, wirtschaftliche, sexuelle Beziehungen zu anderen Menschen haben. Es lassen sich gar nicht alle Möglichkeiten einzeln aufzählen, weil die Variation enorm vielfältig sein kann. Insgesamt lässt sich sogar sagen wir haben einen Bezug zu jedem Lebewesen, was uns begegnet. Viele solcher Beziehungen fallen uns im Alltag auch gar nicht erst auf und dennoch existieren sie. Wir haben bisher schon viele Faktoren beleuchtet, die Einfluss auf die gegenseitige Wahrnehmung haben können. Schauen wir uns einige Beispiele näher an.

Am häufigsten mit Beziehung deklariert und angesprochen sind die Partnerschaften zwischen zwei Menschen.

4.1 Partnerschaften

In der modernen Welt haben sich Partnerschaften mittlerweile deutlich gewandelt.

Die Zeit bis hin zum 20. Jahrhundert war geprägt von Idealvorstellungen und festgelegten Prinzipien. Grund hierfür war auch ein zum Teil großer Einfluss der Religion in das tägliche Leben. Welche Auswirkungen solche Idealvorstellungen und religiöse Grundsätze mit sich bringen können, haben wir bereits gesehen.

Verstanden wurde die Partnerschaft demnach früher als Statussymbol. Der Gipfel eines solchen gesellschaftlichen Status war die **heilige** Ehe, sowie einige gemeinsame Kinder. Die **klassische** Familie.

Es war praktisch ein zu erreichendes Ziel eines jeden Menschen, ab einem gewissen Alter eine Familie zu gründen. Bestenfalls mit Kindern, jedoch aber zumindest mit einer Ehefrau. So ließ sich auch die **klassische** Aufteilung der Lebensbereiche am besten meistern. Während der Mann für die Versorgung und den Unterhalt der Familie zuständig war, so war es die Frau, die die wichtige Aufgabe der Kindererziehung hatte.

Heute verhalten sich die Dinge anders. Eine **klassische** Rollenverteilung gibt es praktisch nicht mehr. Ebenso wenig, wie ein

Idealbild einer Familie. Der Umgang mit Geschlechtern hat sich geändert, wie auch der Umgang mit Kindern. Begriffe wie Patchwork, alleinerziehend oder Wahlfamilie sind heute keine Seltenheit mehr. Zudem sind mit einer Beziehung nicht automatisch auch Kinder verbunden.

Was bedeutet das nun für das Thema Partnerschaft?

Allein der Vergleich zwischen früher und heute zeigt uns, dass es wieder einzig die eigenen Gedanken sind, die das Ergebnis hervorbringen. Früher waren die Gedanken und Ideale „klassisch" geprägt, wogegen heute andere Schwerpunkte gesetzt werden.

Daraus ergibt sich, dass die Art der Partnerschaft das Ergebnis der Vorstellungen der einzelnen Partner ist.

Was bedeutet das nun für uns?

Menschen sind ähnlich den Tieren genetisch zur Partnersuche veranlagt. Sei es für eine kurze, oder für eine längere Zeit. Um erfolgreich zu sein, können wir uns verschiedener „Hilfsmittel" bedienen. Neben den natürlichen Gegebenheiten, wie zum Beispiel Hormonen und schlichter Sympathie, gibt es eine ganze Reihe „gemachte" Einflussfaktoren auf unsere Partnersuche.

Erinnern wir uns zurück an die Beeinflussung durch z.B. Medien und andere Menschen: Es wird ein Idealbild von einem Partner, oder sogar der ganzen Partnerschaft gezeichnet und uns vor-gesetzt. Bewusst oder unbewusst werden dann die so gelern-ten „Kriterien" in die eigene Partnersuche und letztendlich Part-nerschaft integriert. Das beginnt schon bei einem Ideal zum körperlichen Aussehen. Zum Beispiel ein starker, durchtrai-nierter Mann und eine schlanke, zierliche Frau. Vielleicht mit ei-nem Kind, dass nur die besten Eigenschaften von beiden ver-körpert.

Genauso werden auch Beziehungen als Ganzes zu gerne im Fernsehen inszeniert. In einer Doku-Soap wird vielleicht ein wil-des Auf und Ab mit Leid, Schmerz und viel Drama dargestellt. Eine historische Serie dagegen zeigt vielleicht eine dominante, fast schon tyrannische Beziehung zweier Menschen. Die Mög-lichkeiten sind nahezu unbegrenzt, solange nur die Einschalt-quoten stimmen. Die Probleme allerdings, bekommen diejeni-gen, die einschalten:

Über viele Jahre konnte ich selbst beobachten, wie Menschen mit Beziehungsproblemen das gleiche Verhalten an den Tag legten, wie es im Fernsehen zu finden war. Teilweise sogar Wort- bzw. Handlungsgenau. Das Verhalten wirkt fast schon surreal, wenn selbst Kleinigkeiten zu wahren Dramen werden.

Wir verlieren den Blick für die Realität, weil nur Muster und Bilder wiederholt werden, die in unserem Gehirn abgespeichert wurden.

Ohne es zu merken, werden viele Menschen selbst zu Schauspielern in ihrem eigenen Leben.

Kann ein Zusammenleben mit diesen Gegebenheiten funktionieren?

Es ist oft so, dass in Partnerschaften nicht selten versucht wird „den Anderen" zu ändern. Noch besser wäre das Wort „erziehen" in diesem Fall. Beispielsweise wird versucht Gewohnheiten zu ändern, die nur einen Partner „stören". Ein ziemlich banales, aber zutreffendes Beispiel wäre vielleicht der Ordnungssinn. Nehmen wir also an, ein Partner verstaut seine Schuhe nie im dafür vorgesehenen Regal, sondern immer direkt davor. Den Anderen stört dieser Umstand. Als Resultat steht regelmäßiger Streit, bis irgendwann widerwillig der Forderung nachgegeben wird. Damit ist nun die Unzufriedenheit von einem zum anderen gewechselt. Niemand tut schließlich gerne etwas gegen seinen Willen.

Was meint nun das „stören" in unserem Beispiel?

Es ist eigentlich gar nicht die Situation oder der Umstand, dass Schuhe vor dem Regal stehen. Was gestört wird, ist das Idealbild im Kopf der ordnungsliebenden Person. Das ideale Bild eines sauberen Regals muss erfüllt werden, um es zu bestätigen. Wird es gestört, wäre das, als würde jemand einen Strich quer über ein perfektes Bild ziehen. Die Konsequenz für die Partnerschaft ergibt sich dann durch die Interpretation dieser „Störung". Zusammen mit den abgespeicherten Wertesystemen beginnen die Menschen nämlich sofort die Situation einzuteilen. Es passiert folgendes:

Aus Schuhen vor dem Regal werden

Schuhe, die jemand **absichtlich** vor das Regal gestellt hat. Daraus werden wiederum

Schuhe, die jemand **absichtlich** vor das Regal gestellt hat, um zu **provozieren**.

Damit ergibt sich aus einer banalen Kleinigkeit die perfekte Grundlage für einen Konflikt. Ganz ohne, dass einer von beiden überhaupt daran gedacht hätte. Einzig zwei unterschiedliche Ansichten haben diesen Konflikt geschaffen. Möglich gemacht wird das durch gelernte, festgelegte Maßstäbe und Ideale.

Man kann solche Beispiele praktisch unendlich fortführen. Eins bleibt jedoch klar: damit Streit und Unzufriedenheit gar nicht erst entstehen, sollten wir unsere inneren Maßstäbe und Wertesysteme überdenken.

Besonders wichtig ist eine natürliche Kommunikation miteinander. So, wie wir sie auch mit all unseren Mitmenschen pflegen sollten, damit möglichst wenige Missverständnisse entstehen.

4.2 Mitmenschen

Alle Menschen auf dieser Welt sind unsere Mitmenschen. Trotzdem wir nur eine Handvoll davon im Verlauf unseres Lebens kennenlernen, haben wir doch mehr Einfluss auf andere als wir glauben. Unser ganzes Handeln, jeder Gedanke und jedes Gefühl haben eine Auswirkung auf unser Umfeld. Sowohl direkt als auch indirekt.

Die Ursache dafür liegt in unserer Natur. Man würde vielleicht annehmen, dass Menschen nur über Sprache kommunizieren. Als wir uns mit Sprache auseinandergesetzt haben, wurde uns schon klar, dass es sich um eine **aktive** Kommunikation handelt. Entsprechend dazu kommt nun noch unsere eigentliche und noch wichtigere, passive Verständigung untereinander.

Wie sonst könnten beispielsweise Kleinkinder mit ihren Eltern in Kontakt treten? Vom Schreien abgesehen, scheinen einige Eltern und dabei insbesondere Mütter eine Art siebten Sinn für die Bedürfnisse des Kindes zu haben. Manchmal spricht man auch von Mutterinstinkt. Es ist in der Tat das Gefühl, was den Ausschlag gibt. Zwischen Mutter und Kind entsteht durch die Schwangerschaft ohnehin eine tiefe Bindung aneinander. Zusammen mit unseren Erkenntnissen zu Emotionen wird jetzt schnell klar, dass ein Umschwung in der Gefühlswelt des Klein-kindes nicht unbemerkt bleiben wird. Einfühlsame Eltern spü-ren eine solche Veränderung, oder ein entsprechendes Be-dürfnis oft schon bevor ein Kind zu schreien beginnt.

Ähnlich verhält es sich zwischen Erwachsenen. Sympathie bei-spielsweise, kann bereits entstehen ohne miteinander gespro-chen zu haben. Ebenso die Antipathie, die wir vielleicht gegen-über einem unheimlich anmutenden Menschen erfahren. Das Prinzip ist das Gleiche, denn unsere Wahrnehmung und damit auch unsere Kommunikation basiert auf unserem Gefühl. Men-schen können wahrnehmen, welche Art von Schwingung ein anderer aussendet. Das geschieht so, wie wir es schon bei Emotionen erkennen konnten.

Am genauesten funktioniert dieses Gefühl bei der ersten Be-gegnung. Man spricht gerne vom „ersten Eindruck".

Sicher kennt jeder eine Situation, in der bereits dieser erste Ein-druck eher negativ war. Vielleicht sogar Bedrückung, oder Un-wohlsein ausgelöst hat. Oder aber, das Gegenteil war der Fall und ein Gefühl von Vertrautheit und Zuneigung hat sich einge-stellt.

In den meisten Fällen ist dieser natürliche Kompass, wenn man so will, ein Hilfsmittel, um mögliche Gefahren frühzeitig zu erkennen. Es ist äußerst schwierig, diese menschliche Gabe gezielt zu täuschen.

Wie wir schon gesehen haben, gibt es in der modernen Welt hauptsächlich zwei Faktoren, die diese Gabe beeinflussen können.

Zum einen wird dieses Feingefühl oft abgestumpft durch Informationsfluten und Einflüsse, die das eigene Wesen „runterziehen". Als wir uns mit den zahlreichen, medialen Einflüssen unserer Welt beschäftigt haben, konnten wir die Auswirkungen bereits feststellen.

Zum anderen lässt sich unser Feingefühl täuschen durch gezielte Manipulation. Ein bezeichnendes Beispiel hierfür wäre eine gewaltvolle Partnerschaft:

Vielleicht war am Anfang schon ein ungutes Gefühl vorhanden. Durch ausreichend „Sweet-Talk" und Wortgewandtheit konnte der neue Partner trotzdem von sich überzeugen. Mit dem Beginn des Zusammenlebens, beginnt auch die Manipulation zur vollständigen Abhängigkeit. Es findet eine Unterdrückung statt. Soweit, bis sogar regelmäßig körperliche Gewalt angewendet wird. Der betroffene Partner kann dann allerdings diesem Teufelskreis kaum entfliehen. Er selbst nimmt die Gewalt und die

Unterdrückung nicht mehr wahr. Das Feingefühl wurde ersetzt durch Hörigkeit.

Dieses drastische Beispiel zeigt uns, was passieren kann, wenn wir unseren natürlichen, inneren Kompass manipulieren lassen.

Um zu verhindern, dass uns solche Sachen passieren, ist ein gewisses Maß an Aufmerksamkeit unabdingbar. Insbesondere für Begegnungen mit Mitmenschen, die Konflikte suchen. Schon in **Spiel auf Sieg** haben wir gesehen, dass eine Konfrontation sich anbahnt und zur Konfliktsituation aufbaut. Beispielsweise können wir spüren, wenn uns jemand anstarrt. Dieses Gefühl ist nichts anderes als die Kommunikation auf Schwingungsebene.

Traditionen, Werte & Alter

Ist ein Mensch in ein gewisses Alter gekommen, wird er in der westlichen Welt oft zum Ballast in der eigenen Familie. So hart wie es klingt: Der Respekt, der ihm früher entgegengebracht wurde, wandelt sich in Abneigung.

Aber wessen Schuld ist das nun? Die, der so undankbaren Nachkommen?

Hierzu ein Beispiel:

Du bist auf einer großen Party eingeladen und alle Sitzgelegenheiten bis auf eine sind besetzt. Zwei neue Gäste betreten den Raum. Einer davon ist eine bekannte Persönlichkeit, ein Star. Der andere Gast ist ein alter Mann im höheren Alter.

Wem wird der freie Platz angeboten und wer steht im Brennpunkt des Interesses? Der erfolgreiche junge oder der alte, unbekannte Mann?

Sehr wahrscheinlich der junge „Star". Dem Alten würde, wenn überhaupt, wohl nur wenig Beachtung geschenkt werden. Zumindest in unserem Kulturkreis ist davon auszugehen.

Bei den Asiaten dagegen ist das völlig anders.

Hier wird dem Alten mehr Beachtung geschenkt. Der Grund dafür ist einfach und simpel:

Alter und Lebenserfahrung bedeuten mehr als Erfolg und Schönheit. Das Lebensalter eines Menschen gilt mehr als dessen Bildungsstand.

Warum es dort anders ist als bei uns liegt schon daran, dass in diesem Kulturkreis gewisse Traditionen hochgehalten werden, während sie bei uns durch die „moderne" Denkweise schnell entwertet werden. Das geschieht mit Traditionen, Gegenständen, Kulturgut und wie eben beschrieben leider auch mit alten Menschen.

Ein Beispiel aus dem alten China:

Jeder, egal welcher Herkunft er war, konnte sich der Beamtenprüfung stellen. Je höher der angestrebte Rang, desto schwieriger war die Prüfung. Die Anwärter wurden eingesperrt und erst wieder freigelassen, nachdem sie ihre Arbeiten abgegeben hatten. So der Anwärter sein Ziel erreicht hat, was ihn bis zum Adelsstand erheben konnte, wurde die Ehre des Titels und die dadurch erworbenen Privilegien auf seine Eltern und auf seine weiteren Ahnen und Urahnen übertragen. Praktisch um sie zu ehren, da sie ihrem Kind zu dieser Ehre mit verholfen haben.

Niemals aber wurden die Titel auf die Nachkommen übertragen. Man ging davon aus, dass die nächste Generation sich ihre Sporen selbst verdienen sollte, um nicht faul und träge zu werden und möglicherweise ihren ererbten Stand zu missbrauchen.

Durch die europäische, leistungsorientierte Erziehung wollen wir so schnell wie möglich vom Start zum Ziel kommen. Was dazwischen liegt, ist kaum wirklich wichtig, da schon der zweite Platz gleichbedeutend einer Niederlage ist.

Ein Asiate sieht es anders. Für ihn ist der Start die Geburt und der Tod das Ziel.

Deswegen bleibt er auch gerne einmal stehen, um sich umzusehen und die Schönheiten seines Lebens besser betrachten zu können.

Im Gegensatz zu Europäern lebt der traditionell erzogene Asiate eben im Hier und Jetzt. Das erlaubt ihm seine hundertprozentige Konzentration auf den Augenblick zu richten.

Für ihre Kinder und Enkel sind sie mit all ihrem erworbenen Wissen und ihren Lebensweisheiten unverzichtbare Ratgeber bzw. Lehrmeister. Dadurch werden sie mit sich selbst konfrontiert und sind gezwungen ihr eigenes Denken und Handeln permanent zu überprüfen. Wer unterrichtet und Rat gibt, will keine Fehler machen. Das heißt auch, man lernt bereits Vergessenes wieder aufs Neue und gibt es aus reiferer Sichtweise an seine Schüler weiter.

Die Alten geben ihr Bestes und erwerben sich damit ein Denkmal in den Erinnerungen nachfolgender Generationen. Mit Nachbarn und Freunden gehen sie freundlich und respektvoll um. Sie wissen, dass eine Gemeinschaft immer stärker ist als der Einzelne. Ebenso, dass jeder einmal in eine Situation kommt, in der er andere braucht.

So, wie der reißende Strom auch nur eine Ansammlung vieler einzelner Wassertropfen ist.

Nie werden sie mit etwas prahlen, das sie käuflich erworben haben, mit dem Wissen, dass nichts, was man sich für Geld kaufen kann, einen wirklichen Wert besitzt.

Sie bestreiten ihren Alltag in gegenseitiger Wertschätzung und der Erfüllung ihrer Verpflichtungen, so wie sie es nach den Lehren Konfuzius von ihren Vorfahren gelernt haben. Sie akzeptieren ihren Platz, an dem sie ihre Aufgaben so gewissenhaft wie möglich verrichten. Ganz ohne dabei einem Anderen, dem es scheinbar bessergeht, dessen Stellung zu neiden.

In der heutigen Gesellschaft dagegen leben die meisten immer im Früher oder Später, jedoch so gut wie nie im Jetzt.

„Wenn ich einmal groß bin, habe ich auch so ein Auto. Wenn ich es einmal geschafft habe, leiste ich mir auch so ein Haus. Wenn ich einmal den richtigen Partner gefunden habe, gründe ich auch eine Familie."

Gedanken und Planungen, die zwar in weiter Ferne liegen, aber jetzt schon das Denken bestimmen.

Noch naheliegender folgendes Beispiel:

„Morgen mache ich dies oder das." Obwohl es vielleicht erst Vormittag ist, gilt der aktuelle Tag nichts mehr. Wie selbstverständlich lässt man ihn unbeachtet verstreichen und konzentriert sich schon auf Morgen. Dabei ist man nicht einmal Herr der nächsten Stunde.

Diesen Umstand ignorierend hetzt man durch das ganze Leben. Den Blick immer auf die Zukunft gerichtet und von wenigen Ausnahmen abgesehen, die Schönheit des Augenblicks vergessend. Oft auf der Jagd nach immer mehr materiellen Dingen. So verliert auch die Lebenserfahrung, also das Alter an Wert.

Sind wir selbst in ein Alter gekommen, in dem wir auf unser Leben zurückblicken, sind wir glücklich aber auch oftmals betrübt, wegen der verpassten Chancen und Momente. Jetzt erst stellt man fest, wie blind man vielleicht durch sein Leben gerannt ist. Vielleicht sogar, dass man gezwungen war einen Weg zu gehen, den man nicht selbst gewählt hat.

Anstatt nun zu versuchen die einem verbleibende Zeit besser zu nutzen, umgibt man sich vielleicht mit ebenfalls alten, frustrierten Menschen. Mit denen tauscht man sich dann entweder über Krankheiten, die undankbaren Kinder oder andere negative Themen aus.

Irgendwann fällt dann auch der Satz: „Früher war alles schöner bzw. besser".

In der Phantasie erlebt der alte Mensch noch einmal die **guten, alten** Zeiten. Dabei lässt sich fast nichts Negatives mehr finden. Selbst, wenn doch dabei dies oder jenes einfällt, wird es einfach verniedlicht oder verdrängt.

Dagegen hat man zu „Lebzeiten" völlig anders gedacht.

Ein kleines Beispiel für diese These:

An welche Urlaubsreise erinnert man sich mehr? An die, bei der alles perfekt war, oder an die Chaosreise, wo alles schiefgegangen ist und die einen die letzten Nerven gekostet hat? Gerade diese Reise wird auch Jahre später immer wieder gerne in Gesellschaft und Partys zum Gesprächsthema.

An diesem kleinen Beispiel lässt sich erkennen, dass wir uns lieber über negative Dinge unterhalten und uns nachher wundern, dass wir schlecht drauf sind. Dabei sind wir es, die unsere Gedanken auf das Negative richten und uns so selbst runterziehen. Wie das funktioniert, haben wir bei der Betrachtung unserer Gedanken gesehen.

Der alte Mensch flüchtet sich in seine Vergangenheit und redet sie sich schön, weil er nicht zugeben möchte, dass Fehler gemacht wurden. Was soll er aber auch sonst tun? Zugeben, dass er heute alles anders machen würde?

Von Menschen, die die „Endstation" des Lebens vor Augen· haben, hört man deshalb oft: „Was soll ich denn jetzt noch ändern?"

Manche widmen sich auch der Umsetzung ihres eigenen Gerechtigkeitssinns.

Aus Enttäuschung über die eigene Familie und die Kinder sollen diese für ihre „Undankbarkeit" bestraft werden. Sie werden dann enterbt. Lieber vermacht man alles der Kirche oder einer Organisation.

Ein Schüler arbeitete in einem Krankenhaus auf der Sterbestation und berichtete: „Weißt du, welche Menschen am schwersten sterben?"

„Die Reichen, denn anstatt Frieden mit sich selbst zu machen, überlegen sie nur, was aus ihrem Reichtum wird. Sie können einfach nicht loslassen."

Eine Äußerung von enormer Wirkung.

Die Veränderung in Mir – Si-Jo Haas

Dieser Satz hat mir damals sehr zu denken gegeben, und ich begann meine Einstellung diesbezüglich zu verändern.

Ich schenkte materiellen Dingen und den so genannten Status-symbolen keine allzu große Bedeutung mehr.

Eine Sichtweise, die mein ganzes bisheriges Leben geprägt hatte. Ganz ohne dabei die Möglichkeit in Betracht zu ziehen, dass jeder Mensch die Wahl hat, sein Leben von einer Minute zur anderen zu ändern. Ich hatte Glück, es in noch relativ jungen Jahren zu erkennen. Möglich ist es allerdings in jedem Alter und wenn es der letzte Tag des Lebens wäre. So begann ich mich langsam zu verändern und andere Prioritäten in meinem Leben zu setzen. Was nicht heißt, dass ich ein ewiges Armutsgelöbnis abgelegt hätte.

Natürlich erfreue ich mich nach wie vor an schönen Dingen und nehme sie gerne an, wenn sie auf diese oder jene Art ihren Weg zu mir finden.

Das kann auch schon sein, wenn z.B. ein Bekannter oder ein Freund sich mein „Traumauto" zugelegt hat.

„Komm, lass uns eine Runde drehen", oder

„Hier, fahr mal selbst ein Stück" sind Sätze, die mir große Freude machen.

Ohne Missgunst oder Neid komme ich solchen Angeboten gerne nach.

Glaub mir, ich habe schon sehr viele tolle Autos, auch solche, die ich mir selbst nie leisten würde, gefahren, und es hat mich keinen Cent gekostet. Ich hatte Freude dabei und konnte mich mit dem anderen freuen.

Dieses Verhalten verursachte auch bei den Freunden eine Veränderung. Ob du es glaubst oder nicht, alle Profitgier verschwindet aus den Menschen, wenn sie merken, dass sie nichts beweisen müssen.

Was bleibt sind zwei kleine Jungs, die sich über das neue Spielzeug des anderen gemeinsam freuen und einfach zusammen damit spielen.

Es ist oft so, dass man darüber sogar die Besitzrechte vergisst. Vergleichbar ist es eher wie in einem Vergnügungspark. Man fährt zusammen Achterbahn, ohne sich zu überlegen, wie viel das gekostet haben mag.

Dennoch, selbst der beste Vergnügungspark macht ohne echte Freunde keinen Spaß.

Wenn du es nicht glaubst, sieh dir Michael Jackson an. Glaubst du wirklich „Neverland" zu besitzen hätte ihn glücklich gemacht, obwohl er sehr allein war? Ich kann jetzt nur hoffen, dass du nicht bejahend genickt hast.

Solltest du Geld und Besitz nachrennen, wird es umso schneller vor dir flüchten. Du rennst entsprechend immer schneller, um es wieder einzuholen. Sollte es dir gelingen es trotz allem einzuholen, versuchst du es mit aller Macht festzuhalten. Eine Situation, die dich starr macht. Wie von selbst umgibst du dich dann mit Menschen, die so sind wie du.

Was bleibt sind dann falsche Freunde und Einsamkeit, die dich mit höchster Wahrscheinlichkeit genau in die vorher beschriebene Lebenslage bringen werden.

Ein altes Sprichwort beschreibt das Ganze ziemlich treffend: „Das letzte Hemd hat keine Taschen".

Solche Binsenweisheiten sind eigentlich nur eines: Lebenshilfen. Ein Erbe unserer Ahnen, damit wir uns im alltäglichen Sein besser zurechtfinden.

Leider schenken wir Menschen derartigen Überlieferungen nur selten wirklich Gehör.

Vielleicht habe ich etwas dazu beigetragen, dass du dir nun deine eigenen Gedanken über das eine oder andere machst.

Für mich habe ich entdeckt, dass es von unschätzbarem Wert ist, den Moment zu leben und zu genießen.

Lass mich noch kurz auf den Augenblick eingehen:

Was ist ein Moment?

Eine Sekunde, eine Minute?

Diese Frage ist nicht leicht zu beantworten.

Für mich dauert ein Moment etwa drei Sekunden. Das beschreibt den ungefähren Zeitrahmen, in dem ich einen Gedanken komplett denken kann.

Allerdings bin ich mir relativ sicher, dass es Zeitgenossen gibt, die diese Zeitangabe ablehnen.

Für das Verständnis und das Erleben der von Si-Jo Klaus berichteten Lebensweise ist eines von unbedingter Wichtigkeit. Es ist die Einsicht in tatsächliche und wirkliche Liebe. Als wir uns mit Gefühlen befasst haben, wurde sie nur am Rande erwähnt. Sie ist aber deutlich mehr als „nur" ein Gefühl.

4.3 Was ist Liebe?

Hierüber existieren wohl die meisten Missverständnisse.

Es lässt sich nicht festlegen, wann und warum unsere Wahrnehmung als Mensch sich gewandelt hat. Leider hat sie jedoch dazu geführt, dass Liebe in ihrer eigentlichen Bedeutung abgewertet wurde.

Liebe wird heute weitgehend als Gefühl bezeichnet. Sie ist das, worauf sich fast alle positiven zwischenmenschlichen Beziehungen berufen. Die Negativen dagegen werden mit Hass begründet.

Hass gilt im Allgemeinen als das logische Gegenteil zu Liebe.

Praktisch wird damit alles zu gerne eingeteilt und bewertet.

Wie verhält es sich dagegen wirklich?

So, wie Liebe meistens verstanden wird, wird sie verwechselt mit einem Gefühl der Anziehung, der Begierde. In extremeren Fällen wird sie sogar als Oberbegriff verwendet für besitzergreifendes Verhalten.

In der Praxis heißt das, wir fühlen uns beispielsweise zu einem Menschen hingezogen und bezeichnen dieses Gefühl als Liebe.

Einige verbringen viel Zeit miteinander und gewöhnen sich an die Gegenwart des jeweils anderen. Auch dann wird von Liebe gesprochen.

Auch zwischen Eltern und Kindern wird von Liebe gesprochen. Ist das nun alles ein und dasselbe? Gibt es verschiedene Lieben? Wie lässt sich das alles verstehen?

Anziehung und Zuneigung, genauso wie der Beschützerinstinkt drücken alle eine Form der Wertschätzung aus. Mit Sicherheit lassen sich hier die verschiedenen Stufen bzw. Arten erklären. Handelt es sich aber auch um wirkliche Liebe?

Im eigentlich Sinn und auch von dem, was man fühlen kann, unterscheidet sich wirkliche Liebe enorm von allen uns bekannten Gefühlen. Es sind nicht nur Schmetterlinge im Bauch, oder ein Gefühl des Bedürfnisses. Eher das Gegenteil ist der Fall.

Erfährt man wahre Liebe, gibt es keine zwei Seiten. Nichts was mitschwingt. Es ist eine ausfüllende und machtvolle Energie, die den ganzen Körper zusammen mit seinem Geist direkt beeinflusst.

Damit hat wahre Liebe auch eine Bedingung: das Leben und Erleben des Momentes im Hier und Jetzt.

Gefangene ihrer eigenen Gedanken haben keinen Zugang zu wahrer Liebe. Sie verspüren lediglich die erwähnten Synonyme, der von ihnen selbst so genannten Liebe.

Wir sind schon ausführlich auf unsere Gedanken eingegangen und auf die Auswirkungen, die sie mit sich bringen. Unser Ergebnis war, dass durch sie Illusionen erschaffen werden, nach denen wir leben. Bei Liebe ist es ebenso.

Wir verstehen Liebe als das, was wir gelernt haben. Gelernt von anderen, unseren Eltern oder durch gezielte Beeinflussung von außen.

Das heißt allerdings nicht, dass nicht jeder imstande ist wirkliche Liebe zu fühlen. Selbst völlig „verkopfte" Menschen können ab und zu in den Genuss kommen diese machtvolle Energie zu fühlen. Dazu bedarf es gewissermaßen Unachtsamkeit. Die Art Unachtsamkeit, die den Verstand für einen Moment loslässt und so ermöglicht, dass dieser Augenblick in seiner Gesamtheit wahrgenommen wird.

Ähnlich erging es mir selbst bei meinem ersten Kontakt mit wahrer Liebe.

Sie traf mich, als ich genau einen solchen Moment erlebte. Ich ließ meine Gedanken los und träumte umher, als ich ein Bild meiner damaligen Freunde sah. Sie waren zu der Zeit auf einer Reise bei Si-Jo Haas. Als ich das Bild ansah, ohne einen Gedanken daran zu verschwenden, durchströmte mich diese unverwechselbare Energie. Sie zwang mich im selben Moment zu einem breiten Grinsen, gefolgt von einem Lachen. Bis dahin hatte ich noch nie gefühlt, was ich nun fühlen konnte. Man könnte einen Vergleich mit Euphorie wagen, jedoch würde das dieser enormen Energie nicht gerecht werden.

Ich wurde durchflutet von positiver Energie. Gleichzeitig war es mir nicht möglich einen klaren Gedanken zu fassen. Mein ganzes Sein war Teil dieser Energie.

Erst nach einigen Minuten konnte ich feststellen, dass es nachlässt. Je weniger es wurde, desto mehr Gedanken kamen wieder in meinen Sinn.

Diese Begegnung mit einer Energie, die ich zuvor noch nie gefühlt hatte, ließ mich nicht los. Für mich ergab sich auch keine plausible Erklärung das Ganze einzuordnen.

Erst als ich Si-Jo Klaus von diesem Erlebnis erzählte, waren seine ersten Worte: „Das war wahre Liebe, mein Sohn.".

Das war der Augenblick in dem ich realisierte, um was es tatsächlich geht. Plötzlich eröffnete sich mir ein ganz neues Verständnis für die Dinge.

Im Ergebnis heißt das also für wahre Liebe, dass sie nicht das ist, was wir oft gerne glauben möchten.

Wahre Liebe entsteht und kann erlebt werden, wenn wir wahrhaftige Freude empfinden. Nicht zwangsläufig für uns selbst, wohl aber für andere.

Die neidlose Teilhabe am Erfolg eines anderen Menschen ist eine Art, die man als Beschreibung wählen könnte. Eine andere Art der Beschreibung ist die Teilhabe am Wohlbefinden eines anderen Menschen oder Lebewesens.

Hier kommt der allerwichtigste Aspekt zum Tragen, der wahre Liebe beeinflusst. Es ist erneut das eigene Ego.

Lange anerzogen und gelernt ist die Ansicht, dass alle Menschen **verschieden** sind. Mit anderen Worten hieße das, sie sind geteilt. Paradoxerweise wird aktuell in weiten Teilen der Welt versucht den Menschen beizubringen, dass wir alle gleich sind. Durch den ständigen Konkurrenzgedanken, den das eigene Ego immer wieder aufbringt, ist dieser Zustand aber nie zu erreichen. Jeder will „besser" sein als der Andere. Als gleich sein lässt sich das nicht mehr beschreiben.

In Wahrheit liegen die Fakten anders.

Zwar sind alle Menschen verschieden, dennoch sind wir alle Eins. Zwischen Allen existiert eine höhere Verbindung. Sobald wir uns das Tao betrachten, werden wir sehen, welche das ist.

Das heißt also, was ein anderer erreicht, erreichen wir praktisch selbst.

Jetzt lässt sich auch leichter verstehen, warum wahre Liebe so machtvoll ist. Sie ist nicht ein einzelner Teil, sondern eine größere, höhere und machtvollere Energie. Größer auch als alles, was ein einziger Mensch als sein „Gefühl" wahrnehmen kann.

Wir haben schon angesprochen, dass sie auch keinen Gegenpart hat. Es gibt nicht Hass und Liebe als zwei Gegenpole, obwohl die meisten Menschen das so annehmen. Verglichen mit der Komponente Hass, auf die wir schon eingegangen sind, können wir den signifikanten Unterschied leicht feststellen.

Hass als reines Gefühl basiert auf Angst und eigenen Gedankenstrukturen. Ohne diese Strukturen wäre es gar nicht existent.

Wahre Liebe dagegen ist eine permanente, von Gedanken unabhängige Energie. Sie ist immer da, auch wenn man sie vielleicht nicht wahrnehmen kann.

Zusammen mit all den Erkenntnissen, die wir bisher gesammelt haben, können wir nun betrachten, wie das Leben zu einem einfachen und freudvollen Leben werden kann.

5 Easylife

Mit dem Wissen um die verschiedenen Einflussfaktoren kommen wir zu einem neuen Verständnis unseres Lebens.

Wie es sich ohne dieses Wissen verhält, haben wir bereits in unserem Beispiel aus Kapitel drei gesehen.

Werfen wir nun einen Blick auf dasselbe Beispiel mit unserem neuen Stand des Wissens.:

Das Blubbern des Harley-Choppers ist wieder hörbar. Voller Freude schaue ich auf das „Route 66"-Schild, das gerade wieder an mir vorbeifliegt und fahre dem Sonnenaufgang entgegen.

Gerade beginne ich mich wie Peter Fonda zu fühlen, da höre ich das unvermeidliche Klicken des Weckers. In gedämpftem Ton erklingt schöne Musik über den Sender und ich schaue auf die Uhr.

Es ist Montagmorgen, 5:45 Uhr und es wird Zeit die Phantasien zu verlassen. Dennoch freue ich mich darauf zu erfahren, wohin mich meine nächste Reise führen wird. Vielleicht erlebe ich dann Abenteuer in der Karibik.

Eigentlich hätte ich noch etwas Zeit, aber ich habe keine Lust mich abzuhetzen und mich dann noch von nur negativen Nachrichten wecken zu lassen. Vorsichtig beuge ich mich zu meiner Frau und küsse sie zärtlich auf die Stirn, was sie mit einem wohligen Schnurren beantwortet.

Noch beschwingt von der Musik schlüpfe ich aus dem Bett und gehe zur Küche, setze den Kaffee auf, mache meine Chi-Form, die nur wenige Minuten dauert, dann hole ich die Zeitung. Ich sehe in den Briefkasten und wundere mich ein wenig, dass sie noch nicht da ist.

„Naja, es wird schon seinen Grund haben", denke ich mir. Dabei bedaure ich den Austräger ein wenig, der jeden Tag so früh herumrennen muss und das auch noch bei diesem Schmuddelwetter. „Gut, dann vielleicht morgen wieder" ist mein Gedanke auf dem Weg zurück nach innen.

Schön, der Kaffee ist schon durchgelaufen und ich öffne den Kühlschrank, um die Milch herauszuholen. Ups, keine da, na, da hat meine Süße wohl etwas vergessen. Ich fange an den Kühlschrank abzusuchen, finde aber natürlich wieder einmal nicht das, was ich suche. Was soll's, dann trinke ich halt die erste Tasse schwarz.

„Guten Morgen, Schatz", höre ich ihre noch verschlafene Stimme hinter mir.

„Guten Morgen", sage ich ebenfalls, stelle die Tasse ab und nehme sie einen Moment fest in die Arme. Dann wende ich mich wieder meinem Kaffee zu.

„Seit wann trinkst du denn schwarz?" fragt sie mich verwundert und ich antworte lächelnd: „Seitdem der Osterhase die Milch versteckt hat!". „Sorry, hab' gestern vergessen neue aufzumachen", sie zieht eine Lade des Kühlschrankes auf und erklärt mir, dass ich beim nächsten Krisenfall dort immer eine neue Dose finden könne.

Wir setzen uns gemeinsam an den Tisch und trinken unseren Kaffee. Danach entschwinde ich ins Bad, um fit für den heutigen Tag zu werden. Als ich wieder voll gestylt die Küche betrete, fragt sie: „Kann ich heute das Auto haben? Ich habe nach Feierabend noch schnell ein paar Besorgungen zu machen". „Alles klar, dann gehe ich jetzt schon los um den Bus zu bekommen. Also bis heute Abend!". Sie kommt mit zur Tür, aber anstatt mich wie gewohnt zu küssen, sagt sie: „Du Schatz, ich muss heute Abend einmal mit dir reden, wir haben ein Problem". Ich nicke und verlasse die Wohnung. Eigentlich hätte ich sofort wissen wollen, was los ist, respektiere aber ihren Wunsch.

Habe ich alles? Auch meine Zeitstechkarte? Automatisch greife ich in meine Jackentasche. Alles klar, da ist sie, es kann nichts mehr schiefgehen.

Mein Weg führt mich an unserem Auto vorbei und ich denke: „Ja, du gefällst mir immer noch und ich bin zufrieden mit dir. Was aber das Schönste an dir ist: du bist bezahlt. Dabei fühle ich mich gleich besser und auch ein wenig freier. Nicht so wie der eine Kollege, der so ein teures Auto über einen Kredit gekauft hat und den nun Zinsen, überteuerte Inspektionen und Reparaturen finanziell auffressen. Tja, so dumm war ich auch einmal, aber ich habe daraus gelernt. Nämlich, dass manche Wünsche besser Wünsche bleiben. Und, dass Wünsche meistens schöner sind, wenn man sie träumt, als wenn sie real und ein Teil des Alltags werden. Nicht, dass ich mich nicht über schöne Dinge freuen kann, wenn ich sie bekommen sollte. Im Gegenteil, aber ich renne ihnen auch nicht mehr verblendet nach. Was kommen soll, kommt sowieso. Hauptsache ich mache mich dadurch nicht abhängig.

Während ich in diesen Gedanken bin, steige ich in den Bus. "Guten Morgen!", sage ich mit ruhigem Ton und wundere mich nicht, dass mich viele der Mitfahrer überrascht ansehen. Manche grüßen zurück, während ich von anderen nur einen verwunderten Blick als Antwort erhalte. „Auch gut" denke ich bei mir und freue mich über einen Sitzplatz, der noch frei ist. Ich setze mich. Mein Blick geht aus dem Fenster in die Dunkelheit. „Na, das Wetter ist ja heute auch nicht das tollste". Dann erblicke ich ein Baustellenschild und freue mich, dass wir im Bus direkt an den Autofahrern vorbei zügig hindurch kommen. Mein Blick wandert über die anderen Fahrgäste, von denen sich die meisten hinter ihren Zeitungen versteckt haben. Nachdem ich die Überschriften überflogen habe, bin ich sogar froh, dass sie vorhin nicht im Briefkasten gelegen hat. „Am Besten ich rede mal mit meiner Frau, ob wir sie nicht ganz einfach abbestellen", denn schlechte Nachrichten mag ich nicht und gute gibt es scheinbar keine.

Dann begutachte ich die Fahrgäste, deren Gesichter ich erkennen kann. Ein paar wenige unterhalten sich. Soweit ich es hören kann, erzählen sie über Krankheiten und andere schlimme Dinge. Was ich nicht verstehen kann, lese ich in ihren Gesichtern.

„Was hast du ein Glück, denke ich gerade", dabei bleibt mein Blick an einer jungen, hübschen Frau hängen. Doch auch ihr Blick ist düster, ein normales Montagmorgen-Gesicht eben. Sie sieht zufällig zu mir herüber und ich lächele sie anerkennend an. Zuerst verfinstert sich ihr Blick noch, doch dann nicke ich ihr

zu und schaue danach wieder aus dem Fenster. Durch die re-
flektierende Scheibe kann ich gut erkennen, dass sie verstanden hat, dass dies keine dumme Anmache war, sondern ich
mich ohne Hintergedanken über den hübschen Anblick gefreut
habe.

„Sehe ich richtig?". Hat sie nicht eben auch einmal gelächelt
und sich über mein stilles Kompliment gefreut?

Die Fahrt vergeht wie im Flug und ich muss aussteigen. Nach
ein paar Minuten zu Fuß stehe ich vor dem Firmentor. Ich stecke meine Stechkarte in den grauen Kasten und wenige Au-
genblicke später stehe ich an meinem Schrank und will gerade
meine Jacke ausziehen. Da klingelt schon das Telefon.

Die Chefsekretärin ist in heller Aufregung, mein Chef braucht
sofort und gleich den Vorgang XY. „Bitte bringen Sie ihn sofort
vorbei!"

Kurz schaue ich zur Uhr: 7:15 Uhr. Da sie sonst nicht so früh dran
ist, muss es ihnen wirklich dringend sein.

"Guten Morgen", sage ich freundlich, „ja, ich sehe sofort mal
nach. Bis gleich." Mein Blick fällt auf dem Berg der noch nicht
bearbeiteten Fälle, die sich seit der Versetzung meines Kollegen, aus Einsparungsgründen, erst recht auftürmen. Zumal
dazu auch mein Tätigkeitsfeld „mal eben so" noch erweitert

worden ist. Sorgfältig sehe ich nach dem geforderten Vorgang. Da ich ihn nicht finden kann, gehe ich in Gedanken noch einmal die letzte Woche durch. Ich glaube, der Chef hat den Vorgang schon erhalten, aber sicher bin ich mir nicht mehr. Dieses Mal habe ich wohl, was sonst immer meine Art ist, vergessen mir einen Vermerk aufzuschreiben. Ich gehe also ins Vorzimmer und schaue die Dame, die auf mich zu lauern scheint, lächelnd an. Gott sei Dank hat mir einmal jemand den Unterschied zwischen einem dämlichen Grinsen und einem freundlichen Lächeln erklärt.

„Sorry", sage ich, „aber ich glaube der Chef hat die Dokumente schon. Vielleicht können Sie ja einmal bei ihm nachsehen.".

„Gerade wollte ich nachsehen kommen, warum es so lange dauert!" antwortet sie mir, ohne auf das einzugehen, was ich gerade gesagt habe. Ohne mich darüber aufzuregen wiederhole ich meinen Satz und warte ab. Dieses Mal scheint sie es kapiert zu haben. Sie nickt und ich frage, ob ich ihr bei der Suche helfen kann. Jetzt lächelt sie sogar zurück. „Nein, gehen Sie nur, er kommt gleich und will dann hier keinen sehen. Ich schaue schon nach."

„Okay, ich bin dann wieder in meinem Büro.". So gehe ich zurück und gerade kommt mein Kollege auf die Arbeit. Ein Junggeselle, der auch gerne mal später kommt und die Möglichkeiten der

Gleitzeit ausnutzt. Wir begrüßen uns und wechseln ein paar Worte. Dann gehe ich auf meinen Platz und fahre den PC endlich hoch.

Jetzt klingelt schon wieder das Telefon, „Ich konnte den gesuchten Vorgang nicht auffinden, jetzt ist der Chef da und spuckt Feuer. Er will Sie heute um 14 Uhr sehen. Bitte seien Sie pünktlich!"

„Ist es nicht besser ich komme gleich, wenn es so dringend ist?"

„Moment bitte", sagt sie und scheint ihn zu fragen. „Nein, es bleibt bei 14 Uhr.", danach legt sie gleich auf.

Okay, denke ich, du willst keine Lösung, sondern „High Noon" spielen. Das kannst du haben, also 14 Uhr genau.

Eigentlich würde ich jetzt gerne eine rauchen, aber neuerdings ist hier im Haus überall Rauchverbot und hier gibt es so ein paar Wichtigtuer, die wie wild auf die Einhaltung aufpassen. Deshalb verkneife ich es mir und fange mit den Eingaben am PC an. Oh nein, jetzt habe ich eine Falscheingabe gemacht, die nur mein Abteilungsleiter wieder rückgängig machen kann. Ich gehe also zu ihm. Er mag zwar keine frühen Störungen, aber es ist wichtig.

Kurze Zeit später stehe ich vor ihm. Er beginnt mit Vorhaltungen und fragt mich, wie das passieren konnte. Ich zucke mit *den Schultern. „Da habe ich wohl einen Bock geschossen", ant-worte ich, setzte aber bevor er antworten kann noch einen drauf. „Es wäre unglaublich nett von Ihnen, wenn Sie mir zeigen könnten, was Sie in so einer Situation machen würden.". Jetzt beruhigt er sich schnell, „ist schon okay", sagt er, „kann ja mal passieren.". Ich bedanke mich und gehe. Schade, denke ich mir, ich hätte dich gerne einmal an meinem Platz beobachtet, wie du mit dem ganzen Trubel zurechtkommen würdest. Da er aber weiß, welchen Stress das bedeutet, hat er dazu keine Lust, und was soll er auch eigentlich sagen. Fehler passieren nun eben mal. Er müsste als mein Vorgesetzter mir vormachen können, wie man Fehler vermeidet. Praktisch sollte er seine größere Kompetenz demonstrieren. Dazu verspürt er aller-dings keinerlei Lust, denn dabei könnte er sich ungeheuer bla-mieren. So hat sich die Angelegenheit schnell erledigt. Außer-dem ist man direkt verwundert, wenn einer seinen Fehler zu-gibt, ohne eine Ausrede oder einen anderen Schuldigen zu su-chen.*

Bevor ich mich noch weiter von schlechten Gedanken ablen-ken lasse, fange ich doch mal an und räume die ersten Sorgen aus dem Weg.

Ich nehme mein Handy und rufe meine Frau an. Da sie meine Nummer auf ihrem Display sehen kann, weiß sie schon, dass ich es bin: „Na, was gibt es denn so wichtiges? Du weißt doch, dass es auf meiner Arbeit nicht gerne gesehen wird, wenn man privat telefoniert!" fragt sie.

„Ach, ich wollte dir nur sagen, dass ich es nicht gut fand, was du heute Morgen gemacht hast. Wenn du erst heute Abend dein Problem besprechen willst, hätte es auch gelangt, wenn du damit erst heute Abend begonnen hättest. So mache ich mir schon den ganzen Morgen Gedanken darüber und bin schlecht drauf.

Also, soll ich gleich in die Fremdenlegion eintreten oder wird es doch nicht so schlimm, wie es sich angehört hat?" Jetzt lacht sie: „Nein, ich war nur sauer auf dich, weil du soviel Zeit mit deiner Teilselbstständigkeit verbringst. Aber du hast Recht, es ist unüberlegt von mir gewesen, dich so zu belasten. Wir reden nachher, also: Tschau."

Jetzt weiß ich, um was es geht. Sofort ist es nicht mehr so schlimm.

Stimmt schon, der Mensch fürchtet am meisten, was er nicht kennt. Ja, meine Teilselbstständigkeit, da hat sie aus ihrer Sicht Recht. Ich verbringe täglich mehrere Stunden damit. Allerdings habe ich etwas gefunden, womit ich mein Hobby zum Beruf werden lassen kann. Aber das klären wir später, jetzt sehe ich zu, dass ich hier etwas vom Stapel runter bekomme.

Ich arbeite konzentriert, ohne mich weiter nervös zu machen. Was ich nicht schaffe, bleibt halt liegen.

Zuerst mache ich mir drei Einteilungen: ganz wichtig, wichtig und hat Zeit. Natürlich nehme ich mir erst die ganz wichtigen Vorgänge zur Bearbeitung vor.

Die Zeit vergeht und bald ist es Zeit für die Mittagspause. Gerade will ich gehen, da stürmt ein Kollege herein. Er bittet mich, ihm jetzt noch zu helfen, da er alleine nicht weiterkommt. Okay, dann warte ich halt noch mit meiner Pause. Ich weiß ja wie das ist, wenn man so unter Druck steht. Nachdem wir fertig sind, gehe ich in die Pause. Gerade will ich mir eine Zigarette auf dem Hof anzünden, da kommt mir prompt einer der militanten Nichtraucher entgegen.

An seiner Mimik merke ich, dass er mir gleich einen Vortrag über das Rauchen halten will. Ich sehe ihm in die Augen und sage: „Sie haben ja so Recht!" Dann drehe ich mich um und lasse ihn stehen. Sicher hat er Recht, aber warum soll ich jetzt meine kostbare Pause damit verbringen diesem Schwätzer zu lauschen. Er steht einen Moment mit verblüfftem Gesicht da, dann geht er seiner Wege.

Die Zeit vergeht und bald ist es 14 Uhr. Na, dann wollen wir dem Chef einmal seinen Auftritt lassen.

Ich betrete sein Vorzimmer und grüße die Sekretärin, die mich fast bedauernd ansieht, klopfe und höre ein „Herein bitte", dann öffne ich die Tür.

Da sitzt er also, wichtig hinter seinem riesigen Schreibtisch und schaut mich lauernd an. „Nehmen Sie Platz", sagt er und ich komme der Aufforderung nach. Das alte Machtspiel: hinter seinem Schreibtisch fühlt er sich so mächtig und ich soll mir davor klein vorkommen.

Setzen soll ich mich, damit er nicht zu mir aufsehen muss. Das würde das ganze Bild stören. Es ist ein alter Trick und der Grund, warum man immer einen Termin beim Chef bekommt und er nicht zu einem selbst kommt. Da wäre ihm nämlich der Effekt von der „Höhle des Löwen" verloren gegangen. So aber hat er alle Psycho-Tricks angewandt, die er kannte: Der Termin erst am Nachmittag, obwohl es doch vorher so wichtig war. Ich muss zu ihm, was seine Machtstellung unterstreicht, denn der Prophet hat schließlich zum Berg zu kommen. Der Weg zu seinem Büro, der mir weiche Knie machen soll. An seinem Wachhund, sprich Sekretärin, vorbei, die eigentlich die Aufgabe hat, mich mit ihrem Verhalten noch nervöser zu machen. Dann stehe ich vor „seiner Majestät", der auf seinem Thron sitzt und soll „davor niederknien".

Alles nur um meine Angst zu steigern, doch davon lasse ich mich natürlich nicht einschüchtern.

Eigentlich denke ich nur, du armer Wicht, denn ein wirklich sicherer Chef hätte auf die ganze Show verzichtet.

Nach kurzer Warmlaufphase beginnt er zu schreien, wirft mir eine mangelnde Einstellung zu meinem Beruf vor und droht mir mit Entlassung.

Geduldig höre ich ihm zu und frage mich, wie alt er wohl werden wird, wenn er sich immer so aufregt. Eigentlich erinnert er mich gerade an „Rumpelstilzchen" und ich empfinde seinen Auftritt eher als peinlich.

Als er gerade Luft holen muss, frage ich ihn, ob er nicht seine Vorwürfe konkretisieren kann. Für eine Minute ist er sprachlos, dann beginnt er wieder zu schreien und wirft eine Akte, die auf seinem Schreibtisch lag, wütend vor sich und schreit irgendetwas von Schlamperei.

Ein kurzer Blick genügt mir und ich erkenne in seinem Wurfgeschoss den so gesuchten Vorgang. Ich weise ihn darauf hin und gleichzeitig gebe ich meinen Fehler zu, denn „ich hätte mir eine Notiz machen können, dass ich Sie Ihnen gegeben habe."

Dann erkläre ich, dass das nicht mehr vorkommt, weil (Gleichzeitige Begründungen kommen selbst beim größten Choleri-

ker an.) ich mich durch nichts und niemand aus der Ruhe bringen lassen werde. Falls er aber so ganz und gar nicht mit meiner Arbeit zufrieden sein sollte, könnten wir uns gerne noch einmal zusammensetzen, um eine konstruktive Lösung gemeinsam zu suchen. Nachdem ich mich nun verabschiedet habe, steht sein Mund immer noch offen. Ich wünsche noch einen guten Tag und verlasse sein Büro. Als ich mich auch mit einem freundlichen Gruß von seiner Sekretärin verabschiedet habe und fast an meinem Arbeitsplatz angekommen bin, steht mein Abteilungsleiter da und fragt mich, wo ich gewesen bin.

„Ich hatte einen Termin beim Chef, antworte ich wahrheitsgemäß". „Das nächste Mal teilen Sie mir bitte vorher mit, wenn Sie längere Zeit Ihren Platz verlassen", fordert er mich auf. „Oh ja, entschuldigen Sie bitte, wenn es noch einmal vorkommen sollte, wäre es bestimmt sogar gut, wenn Sie dabei anwesend wären." Er sieht mich entgeistert an und wirkt etwas unsicher. Klar, aus seiner Sicht hätte ich dann ja zwei Gegner. Aus meiner Sicht weiß ich, dass er sich vor dem Chef fürchtet und gar nicht scharf darauf ist ihn zu sehen. Ich nicke ihm freundlich zu und gehe zu meinem Arbeitsplatz.

Der Gedanke arbeitslos zu werden hat mir gar nicht gefallen, aber noch weniger würde mir gefallen den Rest meines Lebens *als Fußabtreter zu verbringen. In meinem Alter eine neue Ar-beitsstelle zu finden ist vielleicht schwer, aber was soll mir denn bitte passieren? Verhungern werden wir nicht und auch nicht erfrieren. Wir hätten keinen Luxus mehr, aber darauf kommt es ja nicht wirklich an. Aus Armut sterben würden wir trotzdem nicht. Meine Frau verdient auch Geld. Selbst wenn auch sie arbeitslos werden würde, gäbe es noch die Eltern, Ge-schwister und Freunde. Im äußersten Fall steht der Gang auf das Sozialamt und die müssen mir helfen.*

Angenehm? Nein, sicher nicht, aber besser als mit einem Job, der mir die Lebensfreude nehmen würde, mein restliches Le-ben zu vergeuden. Nur nicht in Panik geraten, sondern ruhig und sachlich überlegen, aber es ist ja noch nicht so weit.

Zum Glück läuft meine Nebenselbstständigkeit ganz gut und es braucht auch nicht mehr lange, bis ich hier meine Wochen-arbeitszeit herabsetzen lassen werde.

Ja, alleine der Gedanke, dass ich die Chance habe mein Leben zu ändern, verleiht mir immer wieder neue Kraft.

Für den Rest des Arbeitstages bi ich nun wieder Sachbearbei-ter. Dabei läuft mir meine Arbeit wie von selbst von der Hand.

Es ist kurz vor Feierabend als das Telefon klingelt, ich hebe ab, es ist meine Frau. "Hallo Schatz, ich habe mir gerade überlegt, wenn du Lust hast, könnten wir uns gleich in der Stadt treffen und ein wenig bummeln."

Ja, ich habe Lust und wir verabreden uns. Ein Blick zur Uhr, es ist geschafft: Feierabend. Ich nehme meine Jacke aus dem Schrank und will gerade gehen, da klingelt es schon wieder. Wer immer du auch bist, es hat jetzt Zeit bis morgen.

Gemütlich verlasse ich den Betrieb, besteige den Bus und schon bald treffe ich meine Frau.

Ich gebe ihr einen Kuss, ist mir doch egal, was die anderen Passanten denken. Wir gehen in ein Kaufhaus. Während sie ein paar kleinere Besorgungen macht, kaufe ich mir eine Geldkassette und ein kleines Modell meiner Harley-Davidson. Wenn ich zuhause bin, klebe ich das Modell auf die Kassette, denn ich habe gelernt, einen Wunsch als Motivator für außergewöhnliche Leistungen zu benutzen. Genauso, dass es eine gute Sache ist, diesen bildhaft jeden Tag vor Augen zu haben. Reicht das gesparte Geld, werde ich mir diesen Wunsch dann erfüllen. Das ist etwas Schönes, denn ich bin ein freier Herr über meine Entscheidung. Erstens ist die Vorfreude größer, zweitens mache ich mich nicht wegen Schulden abhängig, drittens lerne ich mich selbst zu motivieren. Zu guter Letzt kann ich überlegen, ob ich das, wofür ich gespart habe überhaupt noch will.

Nachdem wir mit den Besorgungen fertig sind, gehen wir in eine gemütliche Pizzeria.

Nach dem Essen beuge ich mich leicht zu ihr: „Na, was hast du denn, über das du reden wolltest?", frage ich und sie beginnt mir zu erzählen, was ihr nicht passt. Vor allem geht es darum, dass ich sie in letzter Zeit vernachlässigt habe und mir alles andere wohl wichtiger war.

Geduldig warte ich bis sie zu Ende gesprochen hat. Danach erzähle ich ihr, was mir heute so alles passiert ist, allerdings vermeide ich dabei jeglichen emotionalen Ausbruch. Ich mache ihr deutlich, dass ich mit meiner Selbstständigkeit eine große Chance für ein zufriedeneres Leben für uns sehe und ich nicht daran glaube, dass wir einmal im Lotto gewinnen werden. Lächelnd füge ich hinzu: „Wenn es passiert, umso besser, aber mich an diesen Gedanken klammern will ich lieber nicht." Wir bereden alles Weitere und beschließen, dass ich mein Ding machen soll. Dafür erledigt sie ein paar andere Dinge alleine, denn sie sieht ein, dass das der einzige Weg ist mehr Zeit miteinander verbringen zu können. Was hat sie davon mich überall mit hin zu schleppen, wenn ich mit meinen Gedanken ganz woanders bin.

Einige Zeit später fahren wir mit dem Auto nach Hause. Im Radio beginnen gerade die Nachrichten, eigentlich will ich sie gar nicht hören und will eine CD einlegen. *„Lass doch mal, ich würde das gerne hören",* sagt sie und ich tue ihr den Gefallen. *„Guten Abend, meine Damen und Herren, es ist 19 Uhr, wir bringen die Nachrichten. Immer mehr Stimmen werden laut, das Renteneintrittsalter auf 70 Jahre heraufzusetzen.".* Wir sehen uns beide entsetzt an, und sie schiebt die CD selbst ein. *„Du hast Recht mit deiner Einstellung",* sagt sie, gib dein Bestes, sonst bekommst du wirklich deinen Sarg neben deinen Schreibtisch gestellt."

Okay, wir sind daheim. Kurz besprechen wir noch als Beispiel wie das nächste Wochenende ablaufen könnte. Einkaufen brauchen wir jetzt nicht mehr freitags, denn das erledigt sie unter der Woche. Dafür bekommt sie das Auto, jedenfalls an den Tagen, an denen ich nicht noch Termine außerhalb habe. Werden diese mehr, verdiene ich ja auch dementsprechend soviel, dass ein kleines Auto für sie extra drin sein wird. Wir werden an diesem Wochenende nur schöne Sachen unternehmen. Uns mit Freunden treffen, ins Kino gehen und vor allem länger schlafen.

Die Arbeit teilen wir wie folgt: Sie macht, was sie glaubt machen zu müssen und ich das, was ich glaube was wichtig ist. Helfen untereinander ist erlaubt, sogar erwünscht, und was ihr zu schwer ist, dass mache dann eben ich.

Es ist kurz nach 21 Uhr. Sie geht ins Badezimmer, um sich für die Nacht herzurichten. Ich hole mir ein Bier und schenke mir einen Whiskey ein, um den Tag gemütlich ausklingen zu lassen. Jetzt noch eine Zigarette wäre auch nicht schlecht, aber da wir in der Wohnung nicht rauchen, verschiebe ich es auf später.

Ich schalte den Fernseher an um noch etwas von dem Film zu sehen, den ich mir vorgemerkt hatte. Da wird ein Gefangener von dem Gefängnisdirektor dauernd schikaniert und muss sich von diesem anhören, dass er das Gefängnis nicht mehr verlassen wird, wenn es der Direktor verhindern kann. Aber auf jeden Fall will er ihn brechen. Der Gefangene antwortet aber: „Ich bin hier drin freier als du es da draußen jemals sein kannst." Der Direktor lacht ihn aus, denn er hat nicht verstanden, dass man nur frei und glücklich in sich selbst sein kann.

„Kommst du mit, Schatz?" haucht meine Frau, die gerade das Badezimmer verlassen hat und sehr reizvoll aussieht.

Das verspricht einiges, also schalte ich den Fernseher aus. Bier und Whiskey bleiben stehen und auch die Zigarette bleibt ungeraucht. Man muss eben Prioritäten setzen, denke ich lächelnd.

Schnell husche auch ich ins Bad und höre sie sagen: „Wenn es dir nichts ausmacht, setze dich bitte beim Pinkeln, denn sonst muss ich wieder das Badezimmer putzen!" Ach ja, wie ich das hasse, nein, nicht meine Frau, denn sie hat ja Recht. Was soll ich mir weiter Gedanken darübermachen, es ist ja keine große Sache.

Kurze Zeit später liege ich bei ihr im Bett und wir verbringen einen wirklich guten Abend. Erschöpft halte ich sie noch in meinem Arm und wir kuscheln noch etwas.

Irgendwann drehe ich mich um und schlafe ein.

Das Blubbern der Harley wird wieder hörbar, und kurze Zeit später fahren wir glücklich die „Route 66" entlang.

Genau wie im ersten Beispiel ist dieser Tag übertrieben. Dennoch sehen wir an dieser Geschichte, wie leicht der Alltag werden kann. Einmal verinnerlicht helfen unsere Erkenntnisse praktisch in jeder Situation die Ruhe zu bewahren. Wir haben uns hier auf einige wenige Situationen beschränkt.

Allerdings gibt es noch weitere Grundlagen, die dabei helfen entspannter zu leben.

Dazu gehören die Prinzipien des Tao und des Wu-Wei aus dem asiatischen Kulturkreis.

5.1 Prinzipien des Tao / Dao

Die Thesen von Konfuzius, die in vielen chinesischen Klassikern behandelt werden, haben einen sehr einfachen Grundsatz: „Gib dein Bestes und verhalte dich so, wie es deiner Stellung gebührt!"

Er benutzt für seine Erklärungen gerne, wie es für die Chinesen üblich ist, bildhafte Beispiele.

Etwa so:

„Behandele deinen Lehrer, wie du von deinem Schüler behandelt werden möchtest."

Konfuzius ruft zu einem pflichtbewussten Leben auf und erlaubt keine persönlichen Ausschweifungen.

Solch eine Einstellung ist im Berufsleben absolut wünschenswert. Die Menschen, die sich danach richten erreichen mehr als andere. Sie müssen aber aufpassen, dass sie nicht ihr ganzes Leben in richtig oder falsch einstufen. Damit wären sie wieder im Kreislauf der Bewertungen.

Konfizus' Thesen sind uralt und gehen sehr weit in die Geschichte Chinas zurück.

Das für die heutige Zeit relevanteste Werk über chinesische Philosophie dürfte das „Dao Te King" von dem Gelehrten Laotse sein.

Er wollte damit anhand von Versen positive Denkanstöße vermitteln.

Zu beachten ist allerdings, dass die Übersetzung des Werks ins Deutsche wohl mehr als schwierig gewesen sein dürfte. Dabei sind sehr wahrscheinlich, gewollt oder ungewollt, Fehler eingeflossen.

Die meisten chinesischen Begriffe sind auf vielfältige Weise übersetzbar. Manche benötigen sogar ausschweifende Erklärungen, um von uns verstanden zu werden.

Schon bei der Schreibweise von Dao und Tao gehen die Meinungen auseinander. Von der Bedeutung sind allerdings beide Varianten als ähnlich einzustufen.

Was ist also das Tao?

Die endgültige und höchste Wirklichkeit im Taoismus ist das Tao, oder der (rechte) Weg.

In einem breiten Sinn ist das Tao die geheimnisvolle, natürliche Ordnung des Universums.

Paradoxerweise haben die Weisen über das Tao am häufigsten gesagt: über das Tao kann nichts gesagt werden.

Wie es im Tao Te King heißt:

Der SINN, der sich aussprechen lässt,

ist nicht der ewige SINN.

Der Name, der sich nennen lässt,

ist nicht der ewige Name.

„Nichtsein" nenne ich den Anfang von Himmel und Erde,

„Sein" nenne ich die Mutter der Einzelwesen.

Darum führt die Richtung auf das Nichtsein

zum Schauen des wunderbaren Wesens,

die Richtung auf das Sein

zum Schauen der räumlichen Begrenztheiten.

Beides ist eins dem Ursprung nach

und nur verschieden durch den Namen.

In seiner Einheit heißt es das Geheimnis.

Des Geheimnisses noch tieferes Geheimnis

ist das Tor, durch das alle Wunder hervortreten.

–Richard Wilhelm, Laotse Tao Te King, S. 41 Nr. 1

Schwierig zu verstehen?

Wir Menschen neigen dazu über unseren Verstand Dinge erklären zu wollen, die man nicht wirklich erklären kann. Stattdes-

sen könnte man sie aber ganz einfach **erfühlen**, wenn man seinem Verstand einmal nicht die Hauptbeachtung schenken würde.

Dem Daoismus zu folgen ist nicht, wie viele glauben, eine Religion, sondern das tatsächliche Erleben.

Für einen „westlich" denkenden Mensch ist das nur sehr schwer zu verstehen.

Gewohnt sind die Menschen die Vorgabe (also die Religion) und ihre eigene Gefolgsamkeit (den Glauben). Sie erfüllen erlernte und kaum hinterfragte Riten und Bräuche, damit sie ihren **Status** als Gläubiger vor sich selbst wahren.

So gesehen, könnte man damit von einer eher mechanischen Lebensweise sprechen.

Die wirkliche Idee des Tao zeigt sich genauer in der chinesischen Kalligraphie: Da Tusche (ähnlich einer Tinte) hauptsächlich aus Wasser besteht, muss man beim Schreiben der fließenden Strömung dieses Wassers folgen. Zögerliches oder überhastetes Arbeiten würde sofort sichtbar. Genauso, wie der Versuch etwas zu verbessern. Der harmonische Fluss und damit die perfekte Optik ist dann unterbrochen. Nur die harmonische Schreibweise mit dem Fluss ergibt die so unvergleichlich schönen Kalligraphien.

Für das Leben und den Taoismus gilt dasselbe.

Die Lehre beschreibt das Dasein im Einklang mit der natürlichen Energie. Das heißt auch, dass man sich nicht gegen den Fluss der Energie wehren sollte. Tut man es doch, wird das Ergebnis nach außen sichtbar.

Beispielsweise würde sich innere Unruhe nach außen durch Nervosität spiegeln.

Der innere Zustand wird also zum äußeren Zustand, oder kurz gesagt: wie innen, so außen. Dieser Zusammenhang ist ein so genanntes hermetisches Gesetz.

Yin & Yang

Die sieben hermetischen Gesetze sind kosmische Gesetze. Nahezu alles lässt sich auf sie zurückführen, sobald man sie verstanden hat.

Viele Menschen kennen beispielsweise das Symbol von Yin & Yang, jedoch verstehen nur sehr wenige die wahre Bedeutung und den Ursprung dieses Symbols.

Die hermetischen Gesetze helfen uns, die zu Grunde liegende Wahrheit zu erkennen. Werden sie verstanden, wird auch das Tao verstanden.

Abb. 3: Yin & Yang in Bewegung

1. **Das All ist Geist, das Universum ist geistig.**

Das Prinzip der Geistigkeit

2. **Wie oben, so unten; wie unten, so oben.**

Das Prinzip der Entsprechung

3. **Nichts ist in Ruhe, alles ist in Schwingung.**

Das Prinzip der Schwingung

4. **Alles ist zweifach, alles hat zwei Pole.**

Das Prinzip der Polarität

5. **Alles fließt ein und aus, alles hat seine Gezeiten.**

Das Prinzip des Rhythmus

6. **Jede Ursache hat ihre Wirkung, jede Wirkung ihre Ursache.**

Das Prinzip von Ursache und Wirkung

7. **Geschlecht ist in allem, alles hat männliche und weibliche Prinzipien.**

Das Prinzip des Geschlechts

Bei genauer Betrachtung können wir feststellen, dass eben diese Gesetze **alle** im Symbol des Yin & Yang wiederzufinden sind. Das Symbol selbst wird gerne missverstanden. Durch zu voreilige Rückschlüsse aufgrund unseres erlernten Wissens bleibt die wahre Herkunft des Yin & Yang meist unerkannt. Zuerst **ist** das Tai-I. Es ist die reine und ruhende Energie, ein weißer Kreis. Durch einen äußeren, schwarzen, Einfluss kommt die Energie in Bewegung. Weiß und Schwarz kommen in eine Wechselwirkung. Schließlich entsteht ein ausgeglichener Zustand beider Anteile, den wir als Yin & Yang Darstellung kennen.

Wie können wir nun aber diese Prinzipien wirklich verstehen?

Die Antwort haben wir bereits gefunden: Wir müssen sie selbst erfahren. Der Schlüssel zum tiefen Verständnis ist die Eigenerfahrung und die Wahrnehmung der beschriebenen kosmischen Gesetze.

In der Tat erfahren wir praktisch permanent die Wirkung dieser sieben Prinzipien, nur können viele Menschen sie nicht wahrnehmen.

Ein erster Schritt zur besseren Wahrnehmung gelingt über die Umsetzung des Wu-Wei.

Wu Wei

Es gehört wohl zu den am meisten fehlinterpretierten Lebensprinzipien, die es gibt. Das Wu-Wei wird sehr gerne falsch verstanden, weil wir über unsere eigene Bequemlichkeit stolpern. Ganz einfach gesagt beschreibt Wu-Wei das sogenannte absichtslose Handeln. Verstanden wird dieses „absichtslos" gerne als Nichtstun, oder einfaches Hinnehmen von Ereignissen. Die Konsequenzen sind dann oft fatal. Ich selbst konnte einige meiner guten Freunde am Wu-Wei scheitern sehen.

Ein Beispiel war ganz besonders einprägsam. Trotzdem der Gesamteindruck vermuten ließ, dass mein damaliger bester Kumpel die Philosophie des Tao und Wu-Wei verstanden hatte, fiel er dem erwähnten Missverständnis zum Opfer. Zu seinem Nachteil befand er sich genau zu der Zeit in einer Krise mit seiner Frau. Mit der für sich gewonnenen „Erkenntnis", dass er nichts tun müsse, schlug er den geraden Weg zur Trennung ein. Er dachte, er muss die Konfliktsituation so hinnehmen, wie sie sich entfaltet. Entsprechend unternahm er auch keine Schritte den Streit zu beenden, oder sich zu versöhnen. Durch sein „Handeln durch nicht-handeln" hatte er seine Lage nur verschlimmert. Letzten Endes ließ ihn seine Frau dann sitzen. Das wiederum hatte einen persönlichen und emotionalen Absturz seinerseits zur Folge, der am Ende auch uns getrennt hat. Ähnlich erging es ihm mit anderen Mitmenschen.

Nur durch ein kleines Missverständnis der Theorie entstand nachhaltiger Schaden im Leben dieses Menschen.

Hätte er absichtslos im Sinne des Wu-Wei agiert, wäre die Geschichte wahrscheinlich anders ausgegangen.

Absichtslos zu handeln, heißt im Klartext, dass wir keine Erwartungen und vor Allem keine Bewertungen an unsere Aktionen knüpfen. Wir tun einfach, was wir tun.

Als wir uns die Art und Funktion der Manipulation angesehen haben, konnten wir feststellen, dass einige Menschen andere Menschen bewusst und gezielt beeinflussen möchten. So soll sich ein eigener Vorteil ergeben.

Das komplette Gegenteil ist das Wu-Wei. Beispielsweise würde man einem Anderen helfen, ohne einen Vorteil oder eine „Belohnung" zu erwarten.

Heutzutage ist es leider so, dass selbst kleine Gesten oft mit Hintergedanken verbunden sind. Es werden „zumindest" Dankbarkeit und Anerkennung erwartet.

Sind wir es, die diese Erwartung geltend machen? Möchten wir uns einen Vorteil oder eine Verbesserung unseres Karmas schaffen durch gelegentliche gute Taten?

Wir haben uns die Antwort bereits selbst gegeben.

Mittels Gedanken und Erinnerungen haben wir uns ein Bild von uns selbst erschaffen, was zu unserem Ego geworden ist. Sind wir mit diesem Bild unzufrieden und „müssen nachbessern", versuchen wir uns einen Vorteil gegenüber anderen zu erhaschen. Auch im Vergleich dürfen wir nicht unterliegen, so befiehlt es uns das eigene Selbstbild.

Sind wir dagegen in Ruhe und im Einklang mit der kosmischen Schwingung und dem Leben (dem Tao), dann werden Vergleiche und damit Vor- und Nachteile uninteressant. Wir benötigen sie nicht mehr. Es kann alles sein, wie es ist. Nur dann können wir auch handeln, ohne eine Absicht zu verfolgen. Unsere Tat wird automatisch zum **richtigen** Handeln.

Die Prinzipien des Wu-Wei lassen sich am besten erfahren, wenn man sie lebt und damit erlebt. Das heißt, sie bilden auch eine erste Stufe zum Üben im Alltag.

5.2 Anwendung im Alltag

Zu Beginn steht das Erreichen der „Inneren Ruhe" und das Loslassen.

Loslassen von äußeren als auch inneren Zwängen und Belastungen. Hierbei wird durch gezielte Übungen versucht ein inneres Gleichgewicht und einen inneren Fluss der körpereigenen Energien zu erreichen.

Wie erreicht man nun in einer Welt, die sich durch eine Schnelllebigkeit auszeichnet, einen Zustand des inneren Abstandes bzw. des inneren Loslassens?

Die Lösung liegt im eben beschriebenen Wu-Wei.

Auf dieser Stufe des Übens wird durch gezielte Konzentrations- und Entspannungstechniken bzw. Übungen der Zustand geistiger Entspanntheit passiv hergestellt. Die Umgebung mit all ihren störenden Einflüssen wird ausgeblendet und ist für den Moment nicht existent.

Es geht um das „Jetzt" und „Hier", nicht um die Probleme in der Vergangenheit oder Zukunft.

Dieses Leben im Hier und Jetzt ist die asiatische Lebenseinstellung. Viele Asiaten konzentrieren sich auf den Augenblick in dem sie leben. Das westliche Denken im Gegensatz hierzu zeigt ein Leben, welches sich immer in der Vergangenheit oder in der Zukunft abspielt.

Was ist nun mit der Gegenwart?

Einige Theorien besagen, dass es die Gegenwart nicht wirklich gibt. Wird der Eindruck erst bewusst, ist er praktisch schon längst Vergangenheit. Man geht dabei davon aus, dass die Gegenwart sich in einem Zeitraum von etwa drei Sekunden abspielt.

Der Augenblick und das Handeln haben eine andere Hintergrundtheorie. Das Hauptaugenmerk wird auf den Fluss des eigenen Chi gelegt.

Der gleichmäßige Fluss Lebensenergie, der alles im natürlichen Gleichgewicht hält, steht im Fokus. Er spiegelt sich im harmonischen Fluss äußerlich wider. Nur wer in sich ruht, kann eine Bewegung ruhig und harmonisch ausführen. Der Grad der Ausführungsgenauigkeit richtet sich dabei nach dem inneren Grad der Entspanntheit.

Kann das Chi ohne inneren Widerstand fließen, dann sind die Bewegungen des Körpers harmonisch und fließend.

Besonders gut lassen sich diese Verhältnismäßigkeiten anhand der Formen des Wing Chun TC feststellen. In letzte Konsequenz ergibt sich so die Möglichkeit anhand der äußerlichen

Bewegung Informationen über den inneren, geistigen Zustand des Ausführenden zu erhalten.

Um die erwähnte Entspannung zu erreichen, gibt es einige hilfreiche Übungen zur Verbesserung unserer Fähigkeiten:

Progressive Muskelentspannung

Eine Hauptursache für Muskelverspannungen ist neben dem Faktor Stress, die bereits von uns untersuchte Angst. Verspüren wir Angst, nimmt nachweislich die Muskelanspannung zu. Reduziert sich die Muskelspannung, wird auch die Angst zunehmend verschwinden.

Die Methode der progressiven Muskelentspannung beruht auf der bewussten Anspannung und Entspannung verschiedener Muskelgruppen. Ebenso wie der gedanklichen Konzentration auf die daraus resultierenden Gefühle der Spannung und Entspannung. Ziel ist ein neues Körperbewusstsein zu schaffen.

Sportler verfügen in der Regel über ein gut ausgebildetes Körperbewusstsein. Die Körperwahrnehmungen der Spannung oder Entspannung sind meist schon gut ausgebildet. Nicht selten haben sie diese Art der Übung in ihr Training integriert. Möglicherweise sogar ohne es zu merken. Die progressive Muskelentspannung hat sich im Sport, aber auch im normalen Alltag bestens bewährt.

Dennoch braucht der Übende, ob Sportler oder nicht, zunächst die Unterstützung eines kompetenten Trainers.

Ist ein gewisses Stadium der Ruhe erreicht, ergibt sich Stufe zwei.

Atmungs- und Bewegungsformen

Es folgt die Übung einer einfachen, meditativen Atmungs- und Bewegungsform. Nach dem methodischen Prinzip: vom Leichten zum Schweren und vom Einfachen zum Komplexen, übt man zuerst einfache Bewegungsabläufe mit entsprechender Atemtechnik ein. Eine solche Startübung wäre beispielsweise die Bauchatmung. Dabei versucht man mit geradem Oberkörper tief durch die Nase einzuatmen, bis hin zum Bauch. Die Ausatmung erfolgt dann lang und konstant bis auch der letzte Rest Luft ausgeatmet wurde. Anschließend beginnt der Zyklus erneut.

Es ist dabei wichtig, den Zustand der inneren Entspanntheit für sich zu bewahren und sich nun konzentrierter an die exakte Ausführung der Bewegung zu halten. Würde man dies nicht tun, so wäre alles Üben auf der ersten Stufe sinnlos gewesen.

Das Ziel sollte insgesamt sein, bei Bedarf so schnell wie möglich den Zustand der ersten Ebene herzustellen, um dann mit dem Üben auf Stufe zwei zu starten.

Es ist wie bei einem Motor. Er sollte so schnell wie möglich gestartet werden, die Betriebstemperatur erreichen und höchstmögliche Leistungen erbringen, ohne ins Stottern zu geraten oder auszugehen. Erst wenn die Maschine richtig eingestellt ist, kann sie rund, fehlerfrei und dauerhaft funktionieren.

Im nächsten Schritt gilt es, die geistige Entspannung zu erreichen. Hierfür ist eine Erkenntnis von enormer Wichtigkeit: Nicht der Verstand regiert, sondern die Urinstinkte, die in jedem Menschen natürlich verankert sind. Das heißt, gewissermaßen blenden wir den Verstand bewusst aus und lassen den Dingen freien Lauf, ohne einzugreifen.

Dieses Ausblenden auf Basis des Wu-Wei kann unter Anleitung auch bei ungeübten Menschen im Anfängerbereich leicht hergestellt werden. Da jedoch äußere Einflüsse immer noch im Kopf umherspuken und den Übenden ablenken, kann der Zustand des inneren Loslassens oft nur für kurze Zeit aufrechterhalten werden.

Erst durch das stete Üben wird die Spanne länger.

Um einen ersten Eindruck von der Schwierigkeit des geistigen Entspannens zu bekommen versuche folgende kleine Übung: Setz Dich in einen bequemen Sessel. Dämpfe das Licht. Stell dir eine Umgebung her, die Du als angenehm empfindest.

Jetzt denke bitte nicht an eine Herde von weißen Elefanten. Versuche an nichts zu denken und vergiss die Herde mit den weißen Elefanten.

Was das Ergebnis dieser Übung ist, kann sich jetzt jeder vorstellen. Natürlich denken alle in diesem Moment an eine Herde weißer Elefanten.

Einen ähnlichen Effekt erzielen Redewendungen wie:

„Dein Geist ist ruhig", oder

„Versuche die Probleme des Tages zu vergessen.

Letztlich nimmt man Dinge noch bewusster wahr als zuvor.

Wie funktioniert also die geistige Entspannung?

Es muss, wie oben im Beispiel beschrieben, erst eine entspannte Ausgangssituation hergestellt werden. Von ihr ausgehend kann ein geistiges und dann körperliches Entspannt sein erreicht werden.

An dieser Stelle hilft uns wieder das Wing Chun TC. Die dort integrierten Formen ermöglichen zusammen mit dem Trainer die Umsetzung aller eben beschriebenen Übungsstufen. Die auf eine solche Weise erlernten Fähigkeiten sind von Dauer und machen das Training praktisch zu einer Weiterentwicklung der eigenen Persönlichkeit.

So gewappnet erlaubt es uns einen neuen Blickwinkel auf unser Leben und lässt uns leichter mit täglichen Aufgaben umgehen.

5.3 Aufgaben richtig angehen

Bevor man sich an eine vielleicht neue Aufgabe wagt, ist es erfahrungsgemäß ein wesentlicher Vorteil, die eigene emotionale Verfassung zu kontrollieren.

Stimmungslagen wie Angst, Übereifer, Zorn usw. sind für eine genaue Ausführung der Aufgaben genauso kontraproduktiv wie mangelnde Konzentration.

Besonders letztere kann auch durch Krankheit oder persönliche Sorgen entstehen.

Deshalb versuche dich an Neuem zwar sorgsam, aber nicht ängstlich. Angst verhindert deine Leistungsfähigkeit. Sie lenkt dein logisches Denken ab. Wir haben bereits gesehen, welche Spirale unsere Gedanken formen können.

Gehe deshalb auch an die schwierigste Aufgabe heran, wie an ein neues Spiel, das du nicht kennst:

Aufmerksam, lernbegierig, aber vor allem mit **Lust**.

Lust, etwas zu tun, ist der beste Garant für den persönlichen Erfolg.

Nur, weil man Lust hat, kann man zwar nicht alles gleich richtigmachen, aber sie ist die beste Lernmotivation. Ist es nicht so, dass ein Mensch alles lernen kann, was ein anderer auch kann, wenn er es nur wirklich will?

Die Chancen dafür stehen richtig gut.

Dagegen ist gerade mangelnde Konzentration oder Unlust ein häufiger Quell für Fehler.

Schau dir z.B. Leute an, die gerade den Führerschein gemacht haben. Sicher sind sie noch ängstlich und übervorsichtig. Sollten sie einen Unfall haben, entsteht dieser oft nur aus mangelnder Erfahrung oder Rücksichtslosigkeit der anderen Verkehrsteilnehmer. Es gibt beispielsweise die schönen Aufkleber mit „Anfänger", die die anderen Verkehrsteilnehmer zur besonderen Rücksichtnahme aufrufen sollen. Ein frommer Wunsch, aber das Gegenteil wird meist der Fall sein. Anstatt auf den Anfänger aufzupassen, nehmen sich die routinierten „Erfahrenen" dem erkennbaren Anfänger gegenüber extreme Freiheiten heraus.

Passiert dann ein Unfall, ist ganz klar, wer daran Schuld hat: der Anfänger.

Hier liegt genau das Missverständnis.

Besonders Routine birgt meist große Nachlässigkeiten in sich.

Diese werden dann gerne verniedlicht.

Im Ergebnis stehen zwei Menschen nun im Konflikt, der gar nicht hätte entstehen müssen.

Sowohl der Anfänger hätte gut daran getan sich in körperlicher und geistiger Entspannung zu üben, als auch der Erfahrene.

Mit innerer Ruhe wäre der Einfluss von Angst und Unsicherheit deutlich geringer gewesen. Genauso hätte die Entspannung von Körper und Geist erst gar keine Überheblichkeit aufkommen lassen.

Was hat es nun genauer mit Nachlässigkeiten auf sich?

Bei einem erfahrenen Menschen ist ein Fehler eher schwerwiegender. Besonders, wenn er ihn trotz besseren Wissens gemacht hat. Vielleicht sogar nur, weil er gerade „keinen Bock" gehabt hat. Solch eine Unlust reden sich einige sogar selbst ein. Sie verwenden „ich hatte keinen Bock" als leichtfertige Ausrede für ihr Handeln und schaffen so in sich eine gefestigte Antimotivation.

An sich ist das nichts anderes, als das Nicht-Ernstnehmen einer Aufgabe oder einer Verantwortung. Durch entstandene Fehler wird oft das Vertrauen eines anderen missbraucht.

Anders dagegen bei dem Unerfahrenen.

Macht er denselben Fehler könnte man ihm höchstens vorwerfen nicht vorher um Rat gefragt zu haben.

Besonders in der Arbeitswelt können solche aus Nachlässigkeiten entstandene Fehler große Auswirkungen haben.

Ein Vorgesetzter beispielsweise wird sich bei häufenden

Nachlässigkeiten lieber von einem erfahrenen, aber nachlässigen Mitarbeiter trennen als von einem Anfänger.

Der Anfänger hat immer noch die Möglichkeit zuverlässig zu werden. Ihm gegenüber besteht eine geringerer Erwartungshaltung.

Die schlimmste Konsequenz für den Erfahrenen: Er wird entlassen.

Selbst wenn er eine neue Stelle bekommt, kann man sicher sein, dass irgendwo im Arbeitszeugnis steht, wie nachlässig er sich verhalten hat. Sogar, wenn es sich gar nicht so liest.

Gleichzeitig ist auch nicht unüblich, dass der mögliche neue Chef bei dem ehemaligen Vorgesetzten anruft, um genaueres über den Stellenkandidaten zu erfahren. Die mögliche Folge kann sich dann jeder vorstellen.

Von diesem Beispiel können wir auch Konsequenzen für unser Privatleben ableiten. Letztendlich verhält es sich dort sehr ähnlich.

Eine Nachlässigkeit führt zu einer Enttäuschung und zu einem Vertrauensverlust. Durch die Erwartungshaltung unseres Gegenüber, die er durch seine Gedanken als Bild im Kopf hat, geht Vertrauen verloren. Dieser Vertrauensverlust wird dann oft, wie im Buschfunk, im kompletten Freundeskreis verteilt.

Bevor man sich versieht, hegt man untereinander dann eher

Misstrauen und ein Zusammenleben wird zunehmend schwer.

Misstrauen wiederum beschleunigt das Gedankenkarussel und damit die Angst. Diese Angst wirkt dann, wie wir gesehen haben, lähmend auf uns.

Es ist also von bedeutender Wichtigkeit, dass wir Freude an dem finden, was wir tun. Mit Elan und Spaß werden wir schnell feststellen, dass uns auch mehr gelingt als vorher.

Verlieren wir doch einmal die Freude vollständig und können mit dem was wir tun keinen Einklang mehr finden, sollten wir beginnen eine neue Aufgabe zu suchen.

Wird man fündig, kann sich das Umsteigen enorm lohnen.

Das heißt jedoch nicht, dass wir uns blindlinks jedes Mal auf neue Aufgaben stürzen sollten. Besonders, wenn wir nur einen kurzen Moment weniger Freude empfinden.

Nach den hermetischen Gesetzen hat alles seine Gezeiten. Das bedeutet, es ist natürlich, dass sich hoch und tief abwechseln. Genauso verhält es sich mit Elan und Erschöpfung. Einzig permanente „Energieräuber" sollten wir aus unserem Leben entfernen. Solche Räuber können sich auf unterschiedlichstem Wege manifestieren.

Einerseits haben wir unsere eigenen Gedanken, die sich auch zersetzend auf uns auswirken können. Die Zusammenhänge haben wir bereits betrachtet.

Andererseits rauben uns hauptsächlich Konflikte und Stress unsere Energie. Welchen Effekt Streit, Stress & Hass auf uns ausüben, haben wir ebenfalls schon gesehen. Jedoch lassen sich viele potentielle Konflikte bereits in ihrer Entstehung vermeiden. Ansatzpunkt dafür sind die Ursachen für Konflikte, oder besser gesagt Missverständnisse: eigene Nachlässigkeiten.

5.4 Nachlässigkeiten & Konsequenzen

Fehler machen wir alle. Sie passieren jeden Tag, zu jeder Stunde, einfach überall. In den meisten Fällen nimmt man sie niemandem wirklich übel.

Fehler passieren sehr oft aus Unkenntnis, falschem Stolz, Unkonzentriertheit, Selbstüberschätzung und besagter Nachlässigkeit. Die Hauptursache dafür ist Unkonzentriertheit.

Betrachten wir ein Beispiel:

Dein Chef teilt dir einen neuen Arbeitsbereich zu. Nach einem kurzen „Crashkurs" verkündet er dir, dass du ab sofort verantwortlich für dieses neue Ressort bist. Er ist überzeugt, dass du es genauso so zu seiner Zufriedenheit meisterst wie dein bisheriges.

Voller Elan stürzt du dich auf deine neuen Aufgaben, denn du willst ihn ja nicht enttäuschen. Stolz auf die neu gestellte Aufgabe besiegst du sogar die Angst, die du vorher gehabt hast. Bis du vor dem ersten wirklichen Problem stehst.

Jetzt beginnst du nervös zu werden. Nur keinen Fehler machen. Du kannst aber auch nicht zugeben, dass du der Aufgabe noch nicht gewachsen bist. Was wird denn dann nur dein Chef sagen? Das ist doch peinlich.

Du versuchst also einen Kollegen zu fragen. Der kann oder will dir allerdings nicht wirklich weiterhelfen. Was machst du jetzt nur? Die Zeit drängt und du musst eine Entscheidung treffen. Das ist genau der Punkt, an dem du zu 50% die falsche Entscheidung treffen wirst.

Die meisten Vorgesetzten halten es für selbstverständlich, dass alles fehlerlos funktioniert.

Hat etwas nicht geklappt, werfen sie dann gerne den Angestellten Versagen vor. In unserem Beispiel würde es sich ähnlich abspielen. Resultiert ein schlechtes Ergebnis, wird die Schuld daran klar beim Angestellten gesucht. Geht alles gut, oder besser als erwartet wird der „Ruhm" an den Chef selbst gehen. Er hat schließlich die Stelle mit dir besetzt.

Für uns, die wir solche, oder ähnliche Entscheidungen selbst treffen müssen, heißt das allerdings in jedem Fall Stress und im Extremfall sogar Panik.

Habe ich mich richtig entschieden?

Was wird passieren?

Was werden die anderen denken?

Wie wird es weitergehen?

Werde ich meinen Job verlieren?

Solche und ähnliche Fragen drängen sich uns dann innerlich auf.

Soweit muss es jedoch gar nicht erst kommen.

Ursache für die Unruhe und den Stress sind wir nur selbst. Die eigene Nachlässigkeit hat im Beispiel dazu geführt, dass sich ein Kreislauf an negativen Gedanken & Zweifeln entwickelt.

Ganz anders würde das Beispiel aussehen, wenn wir eine taoistische Herangehensweise wählen:

Zuerst bietet sich ein persönliches Gespräch an. Man kann dort klarstellen, dass man bemüht sein wird seine neue Aufgabe nach bestem Können zu lösen. Gleichzeitig mit dem Hinweis, dass es anfangs noch zu Schwierigkeiten kommen könnte. Um Fehler zu vermeiden lassen sich auch weitere Ansprechpartner definieren.

Jeder Chef wird, sofern er ein klein wenig Ahnung über Menschenführung hat, das Bemühen und die durchaus verständlichen Bedenken richtig einzuschätzen wissen.

Man verweigert sich also nicht und sucht auch nicht nach Ausreden. Dagegen kann er nicht wirklich etwas haben.

Erstaunlicherweise wirkt dieser ehrliche und direkte Ansatz auch professioneller. Mit dem Blick auf das Tao, würde man so die Gegebenheiten so nutzbar machen, wie sie existieren. An keiner Stelle wird ein aufkeimender Konflikt zugelassen.

Man könnte sagen, man hat sich vor einer Niederlage bewahrt und einen, kleinen, Sieg errungen.

5.5 Sieg & Niederlage

Für das Verständnis von Sieg und Niederlage, sind unsere bisherigen Erkenntnisse enorm wichtig. In „Spiel auf Sieg" sind wir schon auf die körperlichen Aspekte von Sieg und Niederlage eingegangen. Daran knüpfen wir nun hier an und betrachten die mentale und soziale Seite.

Schon zu Beginn unserer Ausführungen haben wir gesehen, dass uns unsere Erziehung und der erlernte Lebensstil diverse Bemessungs- und Bewertungsmaßstäbe mitgibt. Ebenso ist auch eine Einteilung nach Sieg oder Niederlage eine solche Bewertung. Das besondere hieran ist nur die explizite Kombination mit den Komponenten Ego und Gefühlen.

Wer kennt nicht das euphorische, belebende und **erhabene** Gefühl nach einem Sieg? Sei es im Schulsport, in einem Vergleich von Schulnoten, oder ganz simpel beim Sieg der Lieblingssportmannschaft. Jeweils gegenüber einem anderen bzw. einer anderen Mannschaft.

Getreu dem Grundsatz: Ich bin besser als du!

Kennt man dagegen nicht auch die „andere" Seite? Das niederschlagende, enttäuschende und traurige Gefühl einer Niederlage? Vielleicht sogar einen Moment von Neid und Hass gegenüber dem Sieger?

Extreme Fälle gehen sogar bis zu körperlichen Auseinandersetzungen, bedenkt man beispielsweise Fußball-Hooligans.

Abhängig vom eigenen Maßstab und dem Einfluss des eigenen Egos werden die entsprechenden Reaktionen auftreten. Von übermäßiger, fast schon gehässiger Freude, bis hin zu todbetrübter Enttäuschung.

Was hat es nun also mit Sieg und Niederlage auf sich?

Im menschlichen Wettkampfdenken geht der Sieg ganz klar auf Kosten des Verlierers. Nur ein solcher Sieg beschert die erstrebten Gefühle.

In Wirklichkeit ist ein Sieg, oder eine Niederlage nur eine Definition, die jeder für sich selbst festlegen kann.

Ein persönlicher Erfolg wird gerne als ein Sieg bezeichnet. Dabei sorgt unser Ego gerne dafür, dass wir uns selbst sehen als: „besser als…".

Bei Niederlagen ist es umgekehrt: „schlechter als…".

Das heißt also wir sind permanent mit Vergleichen beschäftigt.

Damit ist es nur logisch, dass wir über diese Beschäftigung das eigentliche Ereignis und Ergebnis nicht im Fokus haben. Die meiste Konzentration liegt im Vergleich und dem Konkurrenzkampf.

Hier finden wir eine spannende Parallele zu körperlichen Konflikten und der Kampfkunst Wing Chun:

Liegt die Konzentration auf den unwesentlichen Aspekten, verlieren wir die Aufmerksamkeit und die Fähigkeit auf die Situation zu reagieren, wie sie ist. Hier wird wieder der taoistische Ansatz wichtig.

Es gibt nicht „entweder, oder", sondern es ist, was es ist.

Die Situation wird gehändelt, **ohne** sie zu bewerten. Ganz im Sinne der Natur.

Besonders im Reich der Tiere finden wir sehr bezeichnende Beispiele:

Würde sich ein Löwe lange überlegen, wie er einen Sieg über eine Gazelle erringen kann?

Wie reagiert ein Gnu, wenn eine Raubkatze angreift? Denkt sie zuerst über die perfekte Fluchtroute nach, oder handelt sie unverzüglich?

Plant ein Adlerjunges den perfekten Sturz aus dem Nest, oder beginnt es instinktiv mit dem Fliegen?

Tiere helfen uns nicht nur, die Konsequenzen unserer Gedanken zu verstehen. Sie lassen auch Rückschlüsse auf unsere eigenen, instinktiven Verhaltensweisen zu.

6 Der Mensch – ein Tier?

Zur Beschreibung menschlicher Hauptwesenszüge haben sich über Jahre der Beobachtung hauptsächlich drei Tiere herauskristallisiert. Die meisten Menschen können innerhalb dieser Wesensfiguren ihre eigenen Charakterzüge wiedererkennen.

Wir werden anhand einiger Beispiele Löwen, Schlangen und Bären betrachten. Dabei ist zu beachten, dass das jeweilige Tier insgesamt für eine Gruppe von Tierarten steht. Es geht um hauptsächliche Wesenszüge, nicht um detaillierte Vergleiche zwischen Mensch und Tier. Das heißt, wir können an uns durchaus Merkmale feststellen, die auf mehrere Tiere passen. Für ein einfacheres Verständnis betrachten wir uns immer Pärchen, damit sowohl der männliche als auch der weibliche Aspekt sichtbar wird.

Löwen

Was die Löwen auszeichnet ist besonders ihre Kampfstärke
und der Beschützerinstinkt.

Ein starker Löwe als Rudelführer beschützt seine Familie, wenn
es nötig ist. In der übrigen Zeit kostet er seine Position aus, um
sich auszuruhen und vor seinen Löwinnen in Szene zu setzen.
Das Prahlen mit der stolzen Mähne ist sein natürliches Bedürfnis. Ebenso das Balzspiel vor Löwinnen, wenngleich meist nur
eine einzige seine Favoritin ist.

Die Löwinnen sind dankbar für einen starken Anführer. Sie zeigen ihre Zuneigung durch die volle Unterstützung des Löwen.
Er muss nicht selbst jagen und auch keine Jungen großziehen,
das übernehmen gerne die Löwinnen für ihn. Alles bei gleichzei-
tiger Gewissheit, dass er sie schützt, falls Gefahr droht. Sollte
ein anderer Löwe angreifen, ist der Fortbestand des Rudels in
seiner jetzigen Form höchst gefährdet. Dabei ist es egal, ob es
einer aus einem anderen Rudel Ausgestoßener oder ein junger
Löwe des eigenen Rudels ist.

Ist seine Zeit dann irgendwann gekommen und er hat seine
Stellung an einen jüngeren oder stärkeren verloren, verlässt er
sein Rudel. Er sucht sich entweder ein neues oder bleibt ein Ein-
zelgänger. Als solcher wird er durchaus zu einem geschickten

Jäger und kann sich sehr gut selbst um sein eigenes Überleben kümmern. Ohne Verantwortung für andere braucht er keine Rücksicht zu nehmen.

Schlangen

Anders verhält es sich bei Schlangen. Sie sind ihrer Art nach eher Einzelkämpfer und mit dem eigenen Überleben beschäftigt. Sie folgen in der Regel präzise ihren Instinkten. Offene Konfrontationen liegen nicht in ihrem Sinn. Für die Jagd und zur Verteidigung nutzen Schlangen eher kurze und präzise Angriffe aus versteckten Positionen. Gleichzeitig neigen sie bevorzugt zur Flucht als zum Kampf.

Schlangen lassen sich nicht als Familienwesen beschreiben. Obwohl sie sich ein Nest teilen, das sie auch zusammen gegen eine eventuelle Bedrohung von außen verteidigen, bleiben sie trotzdem Individualisten. Man kann sagen, eine Schlange sucht eher die Wärme der Sonne als die ihres Partners.

Bären

Für Bären dagegen ist die Familie ein hohes Gut. Dabei wird die Aufzucht der Jungen nicht selten aufgeteilt. Der Bär sorgt dann für Nahrung und die Bärin übernimmt die Erziehung. Im Verhältnis zu anderen Tieren bleiben Bären auch zeitlich lange zusammen.

Grundsätzlich sind Bären weniger impulsiv. Sie können allerdings bei aufkommenden Konfrontationen durch ihre Größe und Kraft potentielle Angreifer effektiv bezwingen. Bei allen Dingen, die sie gemeinsam betreffen, agieren sie meist gleichberechtigt. Wird etwas unangenehm, kümmert er sich darum. Streiten sie sich, wird es mehr ein kurzes lautes Gebrüll sein. Kurz danach wird das auch bald wieder vergessen sein. Bären sind nicht nachtragend, denn dazu ist ihnen ihre Harmonie viel zu wichtig. Die meisten Bären besetzen zudem auch nur ein bestimmtes Revier und leben dort so lange es angenehm möglich ist.

Soviel als ersten Eindruck zu den verschiedenen Tierarten. Spannend wird nun die Anwendung der Wesensarten auf uns Menschen.

Für eine einfache Darstellung bedienen wir uns Beispielen, die jeweils Männchen und Weibchen beinhalten.

Stellen wir uns folgende Frage:

„Jedes der Tiermännchen findet einen großen Klumpen Gold. Was macht es damit?"

Der Bär bringt es in seine Höhle und versteckt es zuerst. Dann würde er mit seinem Weibchen überlegen, was man damit sinnvolles machen kann.

Die Schlangen dagegen werden sofort ein Nest bauen, mit dem Gold im Mittelpunkt. Beide freuen sich darüber und lassen es nicht mehr aus den Augen. Es sei denn, sie finden noch etwas Besseres.

Der Löwe jedoch fragt sein Weibchen erst gar nicht. Er fertigt sich sofort eine Krone aus dem Gold. Sein ohnehin schon imposantes Aussehen wird so noch weiter unterstrichen. Das würde das Löwenweibchen auch unterstützen, da es stolz auf das Männchen wäre.

An dieser Stelle also ein klares ja zu „gleich und gleich gesellt sich gern".

Was passiert aber, wenn unterschiedliche Pärchen auftreten?

Löwenmännchen - Schlangenweibchen

Wahrscheinlich hätte es einen Riesenstreit gegeben. Sie hätte ihm vorgeworfen ein Macho oder Egoist zu sein mit seiner Krone.

Schlangenmännchen - Löwenweibchen

Er würde sie zwar damit befriedigen im Luxus zu leben, müsste aber fast täglich um ihre Achtung kämpfen. Sie ist zwar stolz auf das Erreichte, aber nicht auf ihn.

Bärenmännchen - Schlangenweibchen

Er würde nur ausgenutzt werden. Ihre Ansprüche zu erfüllen wäre ein hoffnungsloser, alltäglicher Kampf voller Mühe. Sollte es nicht genügen, findet er sich als Versager tituliert wieder, obwohl er alles versucht hat.

Bärenmännchen – Löwenweibchen

Die Löwin würde das gutmütige Verhalten des Bären irgendwann als Schwäche auslegen. Sie würde beginnen ihn zu dominieren. Dabei würde zwangsläufig auch seine Identität vernichtet.

Beginnt der Bär sie mit seiner Häuslichkeit umerziehen zu wollen, wird sich die Löwin allerdings zeitnah wehren. Sie würde sich nicht von dem Bären bevormunden oder gar unterdrücken lassen. Sollte er sie bedrängen, würde sie um sich beißen, da sie bestimmen will. Dies würde wiederum der Bär seinerseits als Ablehnung verstehen. Schließlich verlässt sie einfach den gemeinsamen Bau.

Löwenmännchen – Bärenweibchen

Fast die einzige mögliche Misch-Kombination.

Solange bei ihr die absolut feminine Seite überwiegt und sie nicht versucht, ihn umzuerziehen, lässt es sich zusammenleben. In diesem Fall ersparen sie sich die Machtkämpfe und sein Beschützerinstinkt ist geweckt. Das wird zu einer harmonischen Beziehung auf geraume Zeit führen.

Sollte es nicht so sein, liegen die Dinge anders.

Der Löwe ist an sich ein selbstbewusstes Tier, welches sich gerne verwöhnen lässt, wie wir schon gesehen haben. Das tut die häusliche Bärin auch ganz gerne. Doch anders als es die eigentlich passende Löwin tun würde, beginnt die Bärin mit der Umerziehung. Sie schreibt ihm die Regeln für ihre gemeinsame Behausung vor.

In den Einzelheiten ist ihm das eigentlich relativ egal. Hauptsache es funktioniert irgendwie und sie kümmert sich um die Nebensächlichkeiten des Alltags. Das wiederum kann sie so gar nicht verstehen und ist bitter von ihm enttäuscht: „Wieso hilft er mir nicht? Wenn ich hier etwas ändern will, oder ich streite mich mit der Nachbarin und er tut so, als ginge es ihn überhaupt nichts an. Ich muss dies oder das erledigen und er macht keinerlei Anstalten, mich zu unterstützen."

All dies bringt unsere Bärin schlicht zu der Erkenntnis, dass sie hier alles alleine macht und ihm alles egal ist.

Zusätzlich distanziert er sich auch körperlich.

Durch diese verschiedenen Denkweisen ist ständig eine unterschwellige Gereiztheit zwischen der Bärin und ihrem Löwen spürbar. Da aber keiner über seinen Schatten springen kann, fühlen sich beide „unverstanden". So werden die Gräben nur noch tiefer. Sie fühlt sich nicht mehr begehrenswert und er sich nicht mehr beachtet.

Was folgt, sind ständige Vorwürfe von ihr und seine „Temperamentsausbrüche". Eine permanente Konfliktsituation ist vorprogrammiert. Am Ende steht der Rückzug ihrerseits in „ihre Arbeit", sowie seine Orientierung nach anderen Frauen.

Neben dieser Variante wäre auch denkbar, dass beide sich aktiv immer wieder angreifen. Beide sehen sich praktisch als Feinde, bis es schließlich nicht mehr weitergeht.

Die schlimmste aller Möglichkeiten ist: Er gibt einfach auf und vegetiert vor sich hin. Aus dem prachtvollen Löwen wird dann bald ein niedergeschlagenes Kätzchen. Alle Ausstrahlung verloren, vermag er es dann auf Dauer nichteinmal seine Frau zu halten, denn sie verliert das Interesse.

Schlangenmännchen - Bärenweibchen

Versucht sie ihn zu erziehen, so wird es alsbald zu heftigen Streitereien kommen. Dabei wird die harmoniesüchtige Bärin emotional kaum mit den „giftigen Spitzen" des Schlangenmännchens umgehen können. Er wird sich damit entschuldigen, dass sie ihn ja nicht hätte reizen müssen. Damit ist bis zum nächsten Mal die Sache für ihn erledigt.

Wir erkennen aus diesen einzelnen Beobachtungen bereits, dass z.B. Schlangen und Löwenweibchen sich aufgrund ihrer Grundeigenschaften nur schwer unterordnen können. Es sei denn der Partner „passt" wirklich.

Passen ist auch genau das richtige Stichwort im Bezug zu uns Menschen.

Es muss die charakterliche Grundbasis stimmen, um zusammen leben zu können. Sie ist wichtiger als die Frage ob der Bär, braun, schwarz, weiß, dick, dünn, stark, schwach, hässlich, schön, klein oder groß ist.

Nun zeigt sich allerdings die Schwierigkeit, dass die Menschen alle wie Menschen aussehen. Zudem können sie sich auch noch verstellen. Das macht die persönliche Auswahl nur noch schwerer. Die Frage, ob man zueinander passt, ist eigentlich erst nach einer zeitintensiven, genaueren Prüfung des Charakters möglich. Zeit, die leider in sehr vielen Fällen unwiederbringlich im wahrsten Sinne des Wortes vergeudet ist.

Vergeudet deshalb, weil es durchaus möglich ist einen erheblichen Teil davon einzusparen.

Wir haben schon viele Einflussfaktoren kennengelernt, die das eigene Selbst maßgeblich beeinflussen. In der Konsequenz heißt das, wir verlieren gewissermaßen den Bezug zu unserem wirklichen Charakter. Ironischerweise versuchen wir dann andere einzustufen und zu erkennen, ohne uns selbst zu kennen.

Um sich selbst zu kennen, muss man sich zunächst selbst **erkennen**. Dabei können uns die eben angedeuteten Tiere wieder helfen.

Viele Menschen leiden unter einer Identitäts-Unkenntnis. Sie denken, sie wären das Eine, möchten gerne das „Zweite" sein, sind aber in Wirklichkeit das Dritte. Sie verfallen in ihre persönlichen Gewohnheitsmuster.

Automatisch suchen sie deshalb bei jedem neuen möglichen Partner das, was sie als richtig, oder passend einstufen. Dabei berücksichtigen sie nicht, welche Charaktere sie selbst sind.

Als Beispiel:

Eine Schlange trennt sich von einem Bär. Sie sucht sich als nächstes wieder einen Bären und glaubt fest daran, dass es diesmal gut geht. In ihrer Wahrnehmung sind die Eigenschaften des Bären sehr erstrebenswert. Die natürlichen Schwierigkeiten zwischen Bär und Schlange finden keine Beachtung, weil die eigenen Gedanken diese Betrachtung gar nicht zulassen.

Ähnlich würde es aussehen, wenn die Schlange nun einen Löwen als erstrebenswert ansieht. In der Realität wird auch hier das Zusammenleben erschwert. Geht es bis hin zur erneuten Trennung wird die Schlange ratlos und gerät in Selbstzweifel. Es tritt derselbe Effekt ein, den wir bei unseren Gedanken schon gesehen haben. Die Bilder, die die Gedanken gemalt haben, passen nun nicht mit denen der Realität zusammen.

Wie erkenne ich nun aber, ob ich Schlange, Bär oder Löwe bin? Und wie erkenne ich den anderen?

Vertiefen wir also unsere Beispiele noch etwas:

Bären sind Familienmenschen, die in ihrer kleinen Welt nur glücklich sein wollen. Beruf und Kariere sind ihnen nicht allzu wichtig. Höchstens, um ein sicheres Leben zu garantieren. Sie scheuen das Risiko und bleiben gerne in ihrer Höhle. Lediglich hin und wieder wird ein Ausflug unternommen. An sich sind sie bescheiden und eher praktisch orientiert. Sie freuen sich zwar über Luxus und schöne Dinge, erklären den Besitz aber nicht zum obersten Ziel.

Er fährt meist einen Kombi, sie einen Kleinwagen. Die Aufgaben in der Familie sind klar aufgeteilt. Gleichzeitig ist auch eine ständige Hilfsbereitschaft gegenseitig vorhanden. Ein Bär hilft beim Staubsaugen und Putzen, eine Bärin bei den Reparaturen am Haus. Sie sind beide nicht das, was man streitsüchtig nennt.

Gleichwohl es auch Grizzlybären gibt. Solche Grizzlys haben mehr Drang Konflikten zu begegnen, anstatt ihnen aus dem Weg zu gehen.

Schlangen sind völlig anders. Sie sind oft nur ergebnisorientiert. Der persönliche Erfolg ist ihnen wichtiger als alles andere. Sie brauchen die weitesten Luxusreisen, so sehr wie das atemberaubende Eigenheim. Allzeit umgeben von glanzvollem Luxus. Geiz und Gewinnsucht sind durchaus auch in ihrem Charakter zu finden. Sie putzen sich gerne heraus und tragen auffällige Kleidung.

Wie sich die wirkliche Schlange zur Sonne streckt, so strecken sich diese Menschen nach Besitz, Erfolg und Macht. Schlangenmenschen wirken oft gefühlskalt und egoistisch. Unter ihnen findet man auch die meisten „Workaholics".

Ihr beruflicher Erfolg steht an oberster Stelle. Sie sind mit ihrer Arbeit verheiratet und dulden keinerlei Einmischung seitens des Partners.

Kinder wollen sie erst, wenn sie älter sind und möglichst alle gesetzten Ziele erreicht oder gesehen haben. Die Kinder wirken dann als Krönung des Besitzstandes.

Sollten sich aber z.B. finanzielle Schwierigkeiten ergeben, kratzen sie gerne die Kurve und verlassen das Nest.

Er fährt meistens einen Sportwagen, sie ein Cabrio.

Streiten sich Schlangen, wird es sehr unangenehm. Sie verteilen beide gerne „giftige Spitzen", mit denen sie eigentlich nur untereinander klarkommen können. Sie gehen nämlich dabei oft unter die „Gürtellinie".

Für die Behausung wird gern eine Putzfrau gesucht, oder für Reparaturen eine Firma beauftragt.

Ansonsten gibt es häufig Streit über die „Zuständigkeit" des jeweils anderen.

Sie sind sehr angriffslustig, aber nur bei denen, von denen sie keine allzu große Gegenwehr erwarten. Ist ihnen ein Gegner von vornherein eindeutig überlegen, geben sie leicht auf und versuchen, so schnell wie möglich zu verschwinden. Das empfinden sie jedoch nicht als feige, sondern als klug, und von diesem Standpunkt aus gesehen, haben sie auch völlig Recht damit. Streit mit ihnen ist deswegen besonders gefährlich, weil man zwar die Gefahr durch die riesige Anakonda sofort ausmachen kann, aber gerne die kleine, hochgiftige Natter unterschätzt.

Ihr Prunk, das auffällige Auftreten und der angestrebte Reichtum sind in vielen Fällen Ablenkungsmanöver.

In Wirklichkeit sind Schlangen nicht immer so selbstsicher wie sie gerne tun.

Löwen sind dagegen relativ einfach gestrickt. Kommen wir zuerst zur Löwin.

Sie ist oft unterwegs und genießt ihren Erfolg, ohne ständige Vorhaltungen oder Misstrauen von ihm dafür zu ernten. Sie macht ihren Job gewissenhaft und konzentriert, ist ehrgeizig und geradeaus. Sie genießt ihre persönliche Selbstständigkeit und traut sich viel zu, da ihr eigentlich nichts passieren kann.

Sollte wirklich einmal ein für sie unlösbares Problem auftreten oder sie gar nicht mehr weiterwissen, so hat sie immer noch ihren Beschützer. Er wird sich ohne zu zögern in allen Bereichen, mit einer von anderen ihm nie zugetrauten Präsenz, vor sie stellen und alle Schwierigkeiten kompromisslos bekämpfen.

Sie provoziert ihn nicht unnötig und versucht auch nicht, ihn zu erziehen.

Sie stellt sich auch gerne einmal in die zweite Reihe. Ohne dabei ihre große Stärke auch nur ansatzweise zu verlieren, oder sich minderwertig zu fühlen.

Das Einzige, was sie ihm nie verzeihen würde, ist Unzuverlässigkeit. Würde er sie im Stich lassen, wenn sie ihn bräuchte, wäre seine stolze Position verloren.

Der Löwen-Mann ist ein selbstverliebter Kontroll-Freak, der immer wissen muss, was in seinem Umfeld geschieht. Dabei sind ihm die alltäglichen Aufgaben eher lästig, was ihn oft faul aussehen lässt. Er sucht immer nach Möglichkeiten, die lästigen „Alltagsdinge" von sich zu wälzen. Nicht, dass er sie nicht erledigen könnte, sie interessieren ihn nur nicht. Er kann seiner Meinung nach nur Dinge, die ihn auch interessieren richtig gut erledigen.

Hat aber eine Tätigkeit oder Aufgabe sein Interesse geweckt, so lässt er nicht mehr locker, bis er sie mit Bravour erledigt hat. Dafür erwartet er dann von seinem gesamten Umfeld einen nicht enden wollenden Applaus. Besonders aber von seiner Löwin. Das macht ihn logischerweise manchmal etwas nervig.

Da er aber meist nur Interesse an den wirklich schwierigen Dingen hat, sind seine Leistungen jedoch tatsächlich als besonders anzusehen.

Er ist immer für seine Familie da, ohne wirklich ein echter Familienmensch zu sein. Er liebt seine Kinder, ohne diese zu seinem Lebensinhalt zu machen.

Immer im Mittelpunkt zu stehen ist seine Welt und die bewundernde Anerkennung durch andere ist sein Lebenselixier. Dabei ist er selten ein Angeber, er überzeugt durch sich selbst.

Das Aussehen der Behausung ist ihm nicht wirklich wichtig. Hauptsache alles funktioniert und ist bequem.

Er fährt meist einen großen Wagen mit starkem Motor oder einen wuchtigen Oldtimer. Sie dagegen fährt ein kleineres, aber dennoch gut motorisiertes Fahrzeug. Die Entscheidung dazu wurde in Absprache mit ihm getroffen. In für ihn banalen Fragen bleibt es aber doch immer ihre Entscheidung.

Agieren beide im Team sind sie nahezu unschlagbar und stellen sich jeder Aufgabe.

Jetzt, da wir die Theorie genauer verstanden haben, betrachten wir uns einige Beispiele, die sich wirklich zugetragen haben.

Ein junger Bärenmann lernt eine junge Schlangenfrau kennen und sie zog alsbald bei ihm ein. Da der Bär noch bei seinen Eltern wohnte, war es ihr möglich, alles was sie verdiente anzusparen.

Er hatte auch nie gelernt mit Geld umzugehen, deshalb warf er immer alles, was er hatte, zum Fenster raus. Er kaufte ihr alles, was sie wollte.

Sie lebten völlig unbeschwert und leisteten sich viel.

So vergingen die Jahre und in dem Bären wuchs der Wunsch nach einem Kind.

Sie suchten sich eine Wohnung und richteten sie nach ihren Wünschen ein. Zahlen musste er. Da sie die neue Situation nicht richtig überdachten, lebten sie weiter auf zu großen Fuß. Anstatt sich einzuschränken, kam ja noch das Kind hinzu, dem man selbstverständlich, die immer größer werdenden Wünsche erfüllen musste. Koste es, was es wolle. Doch nach ein paar Jahren wurde der Bär arbeitslos und konnte kaum mehr seine Rechnungen bezahlen.

Nun begannen nach und nach seine angesammelten Luxusgüter kaputt zu gehen. Das machte ihn noch mehr fertig. Reichte sein Arbeitslosengeld doch gerade für das Nötigste. Sie dagegen nutze ihr Kind, das mittlerweile schon zur Schule ging, als Schild, um nicht selbst einem Vollzeitberuf nachgehen zu müssen.

Entgegen aller Erwartungen setzte sie aber nun nicht ihr, in jungen Jahren angespartes Kapital ein, um diese Notlage von ihnen abzuwenden. Stattdessen überschrieb sie es ihrem Bruder und entzog „ihr Geld" dem eigenen Mann.

Er wurde durch die hohe Miete der Wohnung und durch die ständige Forderung seiner Frau nach Haushaltsgeld an den Rand des nervlichen Ruins gebracht. Seine Frau hingegen, ließ das Verdiente samt dem Kindergeld auf „ihr" Konto fließen. Danach war es „ihr" Geld und ging ihn nichts an.

Keine noch so erniedrigende Arbeit war ihm zu viel. Er nahm alles, was er bekommen konnte, bis er sogar manchmal an

Selbstmord dachte. Aber anstatt ihn wenigstens jetzt zu trösten und einen gemeinsamen Weg aus der Misere zu finden, zeigte sie ihm nur ihre Verachtung für sein Versagen.

Ein sehr drastisches Beispiel aus der realen Welt. Ohne die einzelnen Beweggründe näher zu bewerten, können wir doch eines erkennen:

Bärenmann und Schlangenfrau, das konnte nicht gut gehen. Um das noch zu unterstreichen, beende ich diese Geschichte mit „ihrem" Standardsatz: *„Den Penner werfe ich raus und suche mir einen andern mit Geld. Den erziehe ich mir von Anfang an dann gleich richtig."*

Die zweite Geschichte lässt sich bezeichnen als: „Bärenmann und Löwin, die als Bärin erzogen worden ist, ziehen zusammen".

Der Bär, der in natura an einen Grizzly erinnert, zieht bei einer Löwin ein. Er erhält einen kleinen Platz für sich und ist glücklich damit. Nach einiger Zeit hat sie ihm noch mehr Plätze abgetreten, ohne aber dabei die Kontrolle zu verlieren und ihr Reich deutlich abzustecken.

Er beginnt nach guter Bärenart, sich intensiv um ihr Haus zu kümmern. Das ist ihr zwar sehr recht, hält sie aber dennoch nicht davon ab, ihr Ding zu machen. Sie hat ihre Verpflichtungen und Hobbys. Denen kommt sie auch ausgiebig nach. Das ärgert den häuslichen Bären zwar, aber er beschwert sich nur selten bei ihr.

Da sie als Bärin erzogen wurde, bekam sie oft, aus einem anerzogenen Pflichtgefühl heraus, den Drang das ganze Haus auf den Kopf zu stellen. Ihr überzogener Frühjahrsputz war dann selbst dem häuslichen Bären zu viel.

Seine wirkliche Leidenschaft war das Motorradfahren. Das wollte er auch in vollen Zügen ausleben, was ihr aber gar nicht so passte.

Er wollte Sonntag früh losfahren, sie länger schlafen. Das wurmte ihn dann zwar, aber kompromissbereit fand er eine Lösung. „Dann fahren wir eben ein Stück mit dem Auto spazieren." Das mochte auch sie und der Tag war gerettet.

Doch irgendwann wurde es ihm zu viel der Kompromisse und er war echt sauer. Die Löwin spürte instinktiv, dass das der Punkt ist, wo sie ihn nicht mehr reizen sollte und gab nach. Denn wehe, wenn der Grizzly explodiert.

Wir stellen hieran fest, dass Löwe und Bär zwar funktionieren kann, jedoch bestehen einige Tücken. Wahrscheinlich wäre dieses Beispiel auch anders verlaufen, wenn es sich nicht um einen Grizzly gehandelt hätte. Die Löwin, die als Bärin erzogen wurde, wird regelmäßig Opfer ihrer erlernten Verhaltensmuster. Ihre inneren Bedürfnisse entsprechen dagegen denen einer freiheitsliebenden Löwin. Verläuft es wie im Beispiel, entstehen schnell innere Konflikte in den Beteiligten.

Als Drittes eine etwas kompliziertere Geschichte.

Ein junger, unerfahrener Löwe verliebte sich in eine schöne Frau. Sie ist nur etwas älter, als er selbst. Er ist nicht nur von ihrer Schönheit angezogen, sondern auch von ihrer starken Ausstrahlung.

Schließlich wurde sie schwanger und erpresste ihn: „Wenn du mich nicht heiratest, lasse ich abtreiben und danach ist es aus.". Das wollte der junge Löwe auf gar keinen Fall, also heiratete er sie.

In der Hochzeitsnacht erfuhr er dann von ihr, dass sie es nun bereue, ihn geheiratet zu haben. Sie sagte ihm auch, dass sie ihren früheren Partner doch mehr lieben würde. In dem jungen Löwen brach eine Welt zusammen und das hinterließ eine Wunde, die nie verheilen sollte.

Von da an geriet die Ehe zur gegenseitigen Quälerei.

Er suchte sich andere Frauen.

Sie rächte sich dafür mit anderen Männern.

Dann geschah etwas völlig Unerwartetes. Obwohl ihr früherer Partner und ihr jetziger Mann wegen ihr stark verfeindet waren, wurden sie doch Freunde. Die Frau rückte ins Abseits. Das wiederum konnte sie nicht ertragen. Nachdem sie erneut schwanger wurde, begann sie wieder ihren Mann mit dem noch Ungeborenen zu erpressen.

Es kam, wie es kommen musste. Ein Freund der beiden wurde ihr nächster Partner. Ein gutmütiger Bär, der gerade von seiner Schlangenfrau geschieden worden war.

Deshalb ließ sich der Löwe endgültig scheiden.

Der Löwe sagte es dem Bären ins Gesicht „Niemals wird sie Respekt vor dir haben und der Tag ist nicht fern, an dem du bereuen wirst, was du getan hast."

Schon kurze Zeit später begann sein Leidensweg.

Zügig war sie wieder mit dem, was sie nun hatte, unglücklich und begann immer mehr zu trinken. Dann fühlte sie sich gut und alle ihre Hemmungen waren verschwunden.

Sie ist dabei nicht das, was man unter schlecht oder gar böse verstehen könnte.

Die Frau in diesem Beispiel hat einzig ihr eigenes Wesen nicht erkannt. Unwissend waren ihre Probleme damit vorherbestimmt.

Aufgewachsen im Schoss einer extremen Bärenfamilie, wurde sie zur Bärin erzogen. Später wunderten sich dann alle, dass sie das schwarze Schaf der Familie war.

Danach lebte sie sehr lange Zeit unter Löwen und passte sich, wie sie es gewohnt war, an. Sie spielte die Löwin.

Als sie dann an den Bären kam, dessen Gutmütigkeit kaum zu übertreffen war, erkannte sie dasselbe Schema wie in ihrem Elternhaus. Darin konnte sie zufrieden leben, denn es entsprach ihren Erinnerungen. Manchmal begann sie jedoch sich wieder nach den Löwen zurückzusehnen. Ihr Unglück und den inneren Konflikt ertränkte sie mit Alkohol. So konnte sie sich wieder wie eine Löwin fühlen.

Dabei hätte sie nur auf ihre Großmutter väterlicherseits schauen müssen, die dieselben Charakterzüge trug wie sie. Genau wie ihre Großmutter war sie selbst eine Schlange.

Mit dem passenden Schlangenmännchen wäre ihr Leben sicher deutlich anders verlaufen.

Der Löwe dagegen versuchte für sie zum Bären zu werden. Das machte ihn dann immer unglücklicher. Er zog sich von seinen Freunden zurück und vernachlässigte seine Hobbys. Seinen Kindern zuliebe wollte er ein perfekter Bär werden. Doch ab da tanzte sie ihm erst recht auf dem Kopf herum und es eskalierte öfter zwischen den beiden.

Diese Beispiele geben uns eine Idee von den Zusammenhängen in der Realität. Wir könnten mit Leichtigkeit noch tiefer in die verschiedenen Konstellationen und Wesenszüge eindringen. Auch die vielseitigen Wechselwirkungen zwischen Mann und Frau haben wir nicht im Detail betrachtet. Für den Moment soll uns die Erkenntnis genügen, dass wir in erster Linie uns selbst erkennen müssen. Insbesondere bevor wir uns anmaßen andere Menschen einzuschätzen, oder ganz und gar über sie zu urteilen.

Ich selbst habe viele dieser Zusammenhänge erst mit der Zeit verstanden.

Was mir allerdings den Weg zu diesem Verständnis eröffnet hat, war die Kampfkunst. Genauer gesagt das Wing Chun.

7 Die Bedeutung von Wing Chun

Meine ersten Berührungen mit Wing Chun und damit auch Kampfkunst allgemein habe ich in **„Spiel auf Sieg"** schon beschrieben. Nun möchte ich daran anschließen und die Veränderungen aufzeigen, die ich am eigenen Leib erfahren durfte.

In der ersten Zeit hielt ich mein Interesse für Wing Chun nur für Zufall. Je länger ich allerdings das Training und vor Allem die Seminare mit Si-Jo Klaus Haas besuchte, desto mehr wuchs mein Eindruck einer Schicksalsfügung.

Diese Ansicht bewahrheitete sich immer mehr, als ich schließlich meine Passion entdeckte, ihr freien Lauf ließ und mich selbst als Trainer versuchte.

Noch während meines Studiums änderten sich meine Verhaltensweisen dadurch drastisch. Am deutlichsten konnte ich bei mir den Wechsel vom klassischen „Morgenmuffel" zum motivierten Frühaufsteher feststellen. Bevor ich mit Wing Chun begonnen hatte, war es für mich absolut unvorstellbar, dass ich jemals **früh** und **motiviert** aufstehen könnte. Lieber schlief ich lang und mochte vor einer bestimmten Uhrzeit keine sozialen Kontakte.

Natürlich blieb das nicht die einzige Veränderung an mir. Ich lernte mit der Zeit auch deutlich besser mit meiner eigenen

Energie zu haushalten. So konnte ich mich besser koordinieren, strukturieren und vor Allem insgesamt **entspannter** und **glücklicher** leben.

Wie war das möglich?

Die Kampfkunst an sich, so wie ich sie kennenlernte, war konzentriert auf Techniken und festgelegten Bewegungsabläufen. In meinem Verständnis als Anfänger wirkte es auf mich, wie eine etwas bessere Kampfsportart. Dadurch allein wären höchstens körperliche Veränderungen möglich gewesen.

Einen massiven Einfluss auf meine Ansichten hatte hauptsächlich Si-Jo Klaus. Seine Seminare wirkten geradezu magisch. Er verband die reine Technik mit den anderen wichtigen Komponenten: Der Philosophie des Tao und der Energie des Chi. Damit demonstrierte er, was Wing Chun wirklich ist und sein kann.

Erst durch ihn konnte ich verstehen, was Kampfkunst von Kampfsport wirklich unterscheidet.

Von diesem Moment an zeichnete sich stetig mehr und mehr ab, dass ich direkt von ihm unterrichtet werden wollte.

Schließlich, so verstand ich später, führte uns das Schicksal aus eben diesem Grund auch zusammen.

Als Ergebnis steht nun unsere schon mehrjährig bestehende Zusammenarbeit.

Wir möchten die Kampfkunst Wing Chun in ihrer Gesamtheit abbilden, denn was bedeutet nun Kampfkunst wirklich? Was macht es zur Kunst?

Einen Kampf stilvoll und besonders ästhetisch zu bestreiten und vielleicht zu gewinnen ist gewiss keine Kampfkunst.

Vielmehr ist der Kampf, mit dem immer alles verbunden wird, nur ein Nebenprodukt der eigentlichen Inhalte einer Kampfkunst.

Die Ausübung der körperlichen Komponenten, also der Techniken und Bewegungen ergibt im Wing Chun nicht nur ein vielseitiges Kampfsystem. Ausschlaggebend für die Effektivität ist die *Art* der Ausführung.

Die gleichen Körperbewegungen können verschiedene Zwecke erfüllen. Zum Beispiel leisten sie einen Beitrag zur Körpergesundheit und Beweglichkeit, durch Dehnungen und Rotationen. Andererseits lassen sich auch Energien **erfühlen** und **leiten**. Oder man nutzt die Bewegungen für eine Kampfsituation. Für eine solche Situation wird allerdings auch die Effektivität deutlich gesteigert, wenn die Kombination mit Energie erfolgt.

Der Umgang mit Energie wiederum ist eine innere Schule. In **Spiel auf Sieg** haben wir Chi als Lebensenergie verstanden. Eine Energie, die uns umgibt und durchdringt. Das Spüren, Aufnehmen, Lenken & Abgeben von Chi erfordert zunächst ein geistiges Verständnis. Existieren keine inneren Blockaden, lässt sich das Chi nach Außen, z.B. in eine Technik übertragen. Damit erhält dann die reine Technik ein neues Level an Effektivität. Mit der Zeit wird sie so unabhängig von purer Muskelkraft. Sie beginnt zu **leben**. Sie wird einfach. Sie wird zum EasyKungFu.

Je weiter man diese Fähigkeiten entwickelt, desto mehr kann man Chi nutzen. Für den eigenen Körper kann es zum Heilmittel werden. Sogar eine Chi-Übertragung auf andere ist möglich. Solch eine Übertragung kann während eines Kampfes stattfinden, oder zu Zwecken der Gesundheitsförderung. Zusammen mit den eigenen Körperbewegungen des Wing Chun ergibt das Chi die Verbindung zwischen Körper und Geist. Es unterstützt und verbessert unser Körpergefühl und Körperverständnis.

Ebenso wie der Umgang mit Energie ist auch die Schule des Geistes eine innere Schule. Wir haben bereits die Grundlagen des Taoismus erläutert. Werden diese Prinzipien nun innerhalb der Kampfkunst verbunden mit Körper und Energie entsteht ein lebendiges Werk, ein wachsender Komplex. So, wie wir Menschen wachsen, wächst auch unser Verständnis für uns und unsere Umwelt.

Die Kampfkunst ist also eine Zusammensetzung dieser verschiedenen Elemente. Sie ergeben eine innere und äußere Körperschule.

Diese Art der Weiterentwicklung lässt sich am besten als Persönlichkeitsentwicklung beschreiben.

Sie ist umfassend, über alle Ebenen und schreitet stetig voran.

Damit wird es zu einer Kunst. Nämlich die Kunst sich selbst weiterzuentwickeln und Fähigkeiten zu erlangen, die vorher verborgen waren.

Dieses Wissen weiterzugeben und anderen Menschen wirkliches Wachstum zu ermöglichen ist seither meine Berufung.

8   *Beruf & Berufung*

Die meisten Menschen, die mir bekannt sind, kennen ihre eigentliche Berufung nicht. Sie leben deswegen oft unzufrieden und frustriert. Sie haben sich mit ihrer Situation abgefunden und zu ihrer täglichen Arbeit ein merkwürdiges Verhältnis. Oft sieht man eine abgeneigte Meinung zur Arbeit. Ohne groß zu hinterfragen, heißt es: **„Arbeit ist Pflicht und Pflicht darf keinen Spaß machen.".** Ganz ähnlich den Situationen unserer Beispiele von zuvor.

An dieser Stelle eine Frage: Was ist besser?

In irgendeinem Job, den man nicht mag, hauptsächlich an die restliche Freizeit zu denken. Also Feierabend, Urlaub und Wochenende?

Dabei demotiviert nur noch Dienst nach Vorschrift schieben und dadurch weit unter seinen Möglichkeiten bleiben?

Oder ist es besser das geliebte Hobby, das ja sowieso ständig durch die eigenen Gedanken schwebt, zum Beruf zu machen? Einen Beruf, in dem kein Rentenalter, Urlaub, Feierabend oder sonst etwas interessiert. Weil man genau das machen würde, was man jetzt auch schon tut.

Ich denke, ich weiß, was besser klingt.

Finde also **deine** Berufung! Verliere dabei allerdings nicht den Respekt vor **allen** Tätigkeiten.

„Ich bin doch aber auf das Geld angewiesen. Wovon soll ich denn Leben?"

Niemand sagt, dass du alles gleich hinwerfen sollst, um dann bei Misserfolg oder Startschwierigkeiten bildlich am Hungertuch zu nagen.

Gehe deinem Beruf nach und fange in deiner Freizeit an dir ein anderes Standbein aufzubauen. Das ist oft sehr mühevoll, aber es erspart dir, dass aus deinem Traum ein Albtraum wird. Selbst wenn es dir noch so viel Freude und Spaß macht, so bist du in dem neuen Gebiet oft ein Anfänger und wirst demzufolge automatisch Fehler machen. Fehler, die wahrscheinlich viel Geld kosten. Weil du motiviert und zielorientiert arbeitest, werden nach und nach die ersten kleinen Erfolge sichtbar. Freue dich darüber und arbeite dadurch beschwingt weiter. Wenn es einmal nicht so gut läuft, stelle nicht alles gleich in Frage und werde nicht unzufrieden. Zeigst du Ausdauer, hast du es nach einiger Zeit vielleicht geschafft.

Ähnlich war es bei mir. Noch während meines Studiums begann ich meinen Weg. Trotz vieler Widrigkeiten und schwierigen Situationen hat sich meine Zielverfolgung ausgezahlt.

Mein Beruf und meine Berufung

Begonnen habe ich als „einfacher" Schüler einer Selbstverteidigungsschule. Durch die bemerkenswerten Begegnungen mit Si-Jo Klaus kam ich schließlich nach Thailand. An die erste Reise aus **Spiel auf Sieg** knüpfte bald eine zweite an. Nach massiven Rückschlägen in der Zwischenzeit war es eine Art Hoffnungsschimmer für mich. Vermeindliche Freunde hatten mich hintergangen und sich gegen mich gestellt. Politische Entscheidungen hatten das allgemeine Leben erschwert und mir begegnete viel Hass, Ablehnung und Neid. Ich war nah an verzweifelten Gedanken. Bis ich schließlich die Gelegenheit bekam erneut Si-Jo Klaus zu besuchen. Ohne lange abzuwägen, buchte ich die Flüge und es ging los. Dieses Mal war der Besuch ganz anders als beim ersten Mal. Schon am Flughafen in Bangkok konnte ich Veränderungen an **mir** feststellen.

Während des Trainings ergab sich die Idee einer noch intensiveren Zusammenarbeit. Nach kurzer Zeit eröffnete mir Si-Jo Klaus dann, wie aus dem Nichts: „Weißt du, du wirst mein Nachfolger!"

Ich war perplex und sprachlos, obwohl sich gleichzeitig ein Feuer der Begeisterung und Motivation in mir ausbreitete. Ideen und neue Ziele explodierten in meinem Kopf.

Mein „Feuer" für Wing Chun, was zwischenzeitlich zu einer Glut abgeschwächt war, wurde neu entfacht.

Was folgte, war ebenso unglaublich. Ich erhielt durch die Zeremonie Bai Si Lai, der traditionellen, chinesischen Teezeremonie, den Status seines direkten Schülers. Kurze Zeit später entsprang uns auch die Idee ein weiteres Buch zu verfassen. Zusätzlich zu diesem Buch soll es dann ein Roman werden. Wir waren so energetisiert, dass der rote Faden des Buches innerhalb weniger Tage bereits fertig war.

Ich hatte meine Berufung endgültig gefunden.

Im Gegensatz dazu stand mein Hauptberuf. Parallel zum EasyKungFu hatte ich sehr viel **meiner** Zeit diesem Hauptberuf zugemessen. Ich habe immer mehr geleistet, als vergütet wurde.

Der Beruf als Lebensinhalt

Wir Menschen sind sonderbare Wesen. Die meiste Zeit beklagen wir uns über den Berufsstress und wären froh, wenn **endlich** die Rente erreicht wäre.

Oft hat man dann im Job, so kompetent wie man dort ist, den „eigentlichen Sinn" seines Lebens gefunden.

Genau dieser Sinn wird einem aber mit der Pensionierung genommen. Von heute auf morgen ist man mehr als flüssig. Überflüssig!

Ja, **endlich** die **Freiheit** genießen und **endlich** alles bis jetzt Verpasste ausleben.

Schön, wenn alles so einfach wäre.

Nicht selten geht die Jobverbundenheit so weit, dass sich Menschen mit ihrer Arbeit identifizieren. Sie sehen sich in einem Bild mit ihrer Arbeit, weil sie es über Jahre manifestiert haben. Die Rente nimmt dann dieses Bild weg. In der Folge entsteht ein Gefühl der Nutzlosigkeit. Schlimmer noch, die Energie, die zuvor in die Arbeit geflossen ist, muss anderweitig verbraucht werden. Man wird der nun **freien** Zeit schnell überdrüssig und fängt an, sich in die Belange des Partners einzumischen. „Pass auf, dass die Wurst nicht abgelaufen ist" hört der arme Partner nun beim Einkaufen, als ob er den zum ersten Mal erledigen würde. Es entstehen also zwangsläufig Missverständnisse, gewollte, oder ungewollte Manipulationen, Gedankenspiele, Konflikte und schließlich in kleiner Form Krieg. Das geschieht nach den Mustern, die wir bereits zuvor erkannt und betrachtet haben. Genau diese Menschen sitzen dann irgendwann einmal von ihrem Umfeld abgeschoben auf einer Parkbank und denken resignierend über ihr Leben der verpassten Chancen nach. Sie versinken in Gedanken wie **„Ach hätte ich nur…".**

Mein Weg aus dem grauen Alltag - Si-Jo Klaus

Bei mir war es so, dass ich unbedingt Kampfkunstlehrer werden wollte. Ich habe also in diesem Beruf über 30 Jahre lang jeden Tag unter großem zeitlichem und finanziellem Druck wie besessen gearbeitet.

Als ich mein Ziel erreicht hatte und die Früchte auskosten wollte, erhielt ich einen herben Rückschlag. Meine Gesundheit spielte nicht mehr mit. Ich musste meine Schulen an meine Schüler übergeben und saß tagelang in meinem Büro, vertieft in Selbstmitleid. Es war, wie du dir sicher vorstellen kannst, eine recht schwierige Zeit. Nicht nur ich, sondern auch mein gesamtes Umfeld wurde auf eine harte Probe gestellt. Teils starke Schmerzen, teils eine angefressene Psyche machten aus mir einen sehr launigen Zeitgenossen. Wie es weitergehen sollte? Keine Ahnung.

Eines Tages klingelte das Telefon. Erst wollte ich gar nicht abheben, aber ich tat es dennoch.

Ein ehemaliger Schüler, den ich das letzte Mal vor ungefähr zehn Jahren gesehen hatte, meldete sich: „Hallo hier ist der Tim, kennst du mich noch?" Natürlich kannte ich ihn. Hatten wir zu seiner aktiven Zeit doch ein sehr freundschaftliches Verhältnis. „Weißt du", fuhr er fort, „gerade heute habe ich an dich denken müssen und ohne groß nachzudenken einfach zum Hörer gegriffen.".

Nach einem langen Gespräch verabredeten wir ein Treffen bei mir zuhause. Tim erzählte mir, dass er, nachdem wir uns aus den Augen verloren hatten, zunächst viel Pech gehabt habe. In kurzer Zeit hatte er so ziemlich alles verloren, was für ihn eine Bedeutung hatte. Beruf, Familie, sogar das Zuhause. Eigentlich hatte er gar keinen Sinn mehr in seinem Leben gesehen.

Zum Glück hatte er einen guten Freund, der ebenfalls ein Schüler meiner ersten Schule gewesen war und ebenfalls gerade von seiner Frau getrennt lebte. Er bot Tim an, vorübergehend bei ihm einzuziehen. Genügend Platz war ja vorhanden.

Was nun aus ihrer Zusammenarbeit entstand, nenne ich hier schlichtweg eine Erfolgsgeschichte.

Buchveröffentlichungen, Seminare und einiges mehr. Sie gingen von einem Erfolg zum anderen. „Und weißt du was?" sagte er mir später, „Ohne den einen Satz, den du einmal gesagt hast, hätten wir gar keinen Anfang gehabt. Du sagtest zu mir: Körperliche Schmerzen tun nicht weh, nur seelische.".

In weiteren Gesprächen muss dann auch einmal wieder mein Standardsatz gefallen sein: „Ach ja, irgendwann schreibe ich mal ein Buch.". Er sah mich kurz an und sagte lächelnd: „Dann mach doch auch endlich".

Als ich wieder an meinem Schreibtisch saß, überlegte ich, über was ich schreiben sollte. Ich fing an über mein Leben zu schreiben. „Gute Idee" dachte ich, „Das hat ja Tim auch gemacht und ich habe bestimmt noch mehr zu erzählen.".

Ich fing also an und schickte die ersten Seiten stolz meinem ehemaligen Schüler. Ich erhielt aufmunternde Worte. Dazu aber auch die Frage, über was ich denn genau schreiben wollte. Das ergibt sich doch aus dem Lesen, dachte ich. Doch beim nochmaligen Durchlesen stellte ich fest, was er meinte. Immer wieder verließ ich die Grundgeschichte und landete wieder bei dem Thema, das fast mein ganzes Leben bestimmt hatte: Das Unterrichten der Kampfkünste.

Ich stellte die Biographie ein und sah mich in meinem Büro um. „Einen Titel solltest du schon haben.", dachte ich. Ich erfand neue Namen. Kombinierte auf Teufel komm raus, aber nichts gefiel mir wirklich.

Ich telefonierte mit meinem Schüler, weil ich bei ihm vor kurzem ein Bild gesehen hatte, dass mir als Coverbild zusagte. Da er mein Büro als ständigen Quell des Austausches zwischen uns ansah, fiel mir das Wort Schatzkammer ein. „Die Schatzkammer des Wissens", hmm, aber welches Wissen? Wie sollte der Leser erkennen, was ich ihm vermitteln wollte? Sicher, einem Kämpfer oder Sportler ist natürlich Wissen wichtig, aber was ist ihm noch wichtiger?

Natürlich, das war es: Siegen. „Die Schatzkammer des Sieges". Kaum hatte ich den Titel, schrieb ich wie besessen. Ich verarbeitete meine ganzen Erfahrungen, gute und schlechte, und in Rekordzeit war es fertig. Stolz präsentierte ich es einer kleinen, wartenden Gemeinde, wurde aber auf den Boden der Tatsachen zurückgeholt. Von den Rechtschreibfehlern einmal abgesehen, die sich trotz des Korrekturprogramms zuhauf fanden. Der Schreibstil wäre zwar gut, aber nicht flüssig genug.

Hätte ich damals nicht schon gesagt, dass es fertig wäre, ich glaube, ich hätte es nie veröffentlicht.

Mittlerweile hat mein Schüler und Nachfolger Marc das Werk mit mir überarbeitet und um wichtige Punkte ergänzt. Ich bin sehr stolz auf unsere Neuauflage DIE Selbstverteidigung – Spiel auf Sieg.

Was dieser kleine Einblick in meine Erfahrungen zeigen soll, ist, dass auch ich nie aufgegeben habe. Selbst, wenn die Erfolgsaussichten gering erschienen. Mein Brotjob, wie ich ihn nenne, hatte mich lange im Griff, bevor ich mich voll und ganz der Lehre der Kampfkunst gewidmet habe.

Jetzt, im fortgeschrittenen Alter, kam mir noch kein Gedanke wie „Ach hätte ich nur...".

Nein, ich habe und nun genieße ich es, den Erfolg der nächsten Generation mitanzusehen.

Wir können an diesen Beispielen sehen, wie wichtig es ist seiner Leidenschaft zu folgen. Nicht zuletzt ist Spaß und Freude an einer Tätigkeit auch eine Energie. Gehen wir **mit** dieser Energie, wird der Lohn sich bald zeigen.

Betrachten wir Arbeit, wird die Berufung zum Beruf. Insgesamt wird das Leben noch lebenswerter.

Gibt man im Angesicht von Schwierigkeiten oder „schlechten" Zeiten zu schnell auf und verfällt in Zweifel und Selbstmitleid, begibt man sich in eine Abwärtsspirale. Unterstützt durch Gedanken, Bilder und Emotionen eröffnet man sich selbst ein Kapitel des Verfalls. Das „letzte" Kapitel.

9 „Das letzte Kapitel"

Jahrelange Beobachtungen haben uns gezeigt, welchen fatalen Weg viele Menschen eingeschlagen haben. Beeinflusst und gelenkt von all den Dingen, die wir hier schon ergründet haben, ist ein regelrechtes Bewusstsein entstanden. So sehr adaptiert, dass es zur Wirklichkeit für den Einzelnen wird. Ein Krankheitsbewusstsein.

Das wohl heikelste aller Themen.

Menschen sind bei diesem Thema sehr unterschiedlich, je nach Lebensart und den erlernten und anerzogenen Maßstäben. Es beginnt auch hier meist alles im Elternhaus.

Allein der Begriff „Krankheit" hat die unterschiedlichsten Bedeutungen angenommen. Entsprechend vielfältig erfolgt der Umgang damit. So steht „Krankheit" sowohl für eine Erkältung als auch für körperliche und geistige Beschwerden.

Wie wird Krankheit aber nun allgemein verstanden?

Ganz banal ausgedrückt halten viele Menschen alles, was nicht ihrem **Idealbild** eines **gesunden** Menschen entspricht, für unnormal und schließlich für **krank**.

So kommt es, dass Menschen mit besonderen, einzigartigen Fähigkeiten als **krank** eingestuft werden. Mit einer speziellen

Begabung sieht man sich z.B. schnell dem Begriff Autismus gegenüber. Selbst Kinder sind betroffen. Zwar haben Kinder naturgemäß viel Energie und Bewegungsdrang, in der modernen Welt dagegen passen sie so nicht ins **Bild**. Sie werden nicht selten von überforderten Eltern als **unnormal** und **krank** eingestuft. Bald darauf werden sie dann **diagnostiziert**. Hypernervös, oder ADHS sind ganz vorne als **Diagnose**. Hier liegt auch schon eine Hauptursache für das Krankheitsbewusstsein. Ein Großteil der Menschen ist den sogenannten **Diagnosen** verfallen.

Sobald man **diagnostiziert** wird, oder sich selbst **diagnostiziert**, wirkt man separiert. Man ist unwiderruflich abgestempelt.

Diese **Diagnose** wird dann als absolute Wahrheit angenommen. Was dann für die Betroffenen folgt, ist die zuvor angesprochene Abwärtsspirale. Als **Diagnostizierter** wird man sich zuerst wie ein Aussätziger fühlen.

Um genau diesem Gefühl der Ausgrenzung zu entgehen, wird sich ausladend über die Krankheit informiert. Zusätzlich wird nach „Gleichgesinnten" bzw. Betroffenen gesucht. Die Symptome werden studiert und so malen sich die Menschen immer genauer und genauer ihr gedankliches Bild über sich selbst **mit** der Krankheit. Sie wird zum Lebensinhalt.

Das hat auch zur Folge, dass bei Gesprächen mit anderen früher oder später immer wieder die Thematik „Krankheit" eröffnet wird. Unausweichlich entbrennt dann eine Vergleichswelle.

Wer hat welche Symptome?

Wessen Beschwerden sind schlimmer?

Welche neuesten Erkenntnisse zur jeweiligen Krankheit wurden entdeckt? Und besonders wichtig:

Wer nimmt welche und wie viele **Medikamente**?

Medikamente sind im Krankheitsbewusstsein eine Art heiliger Gral. Unbeachtet bleiben dabei gerne zwei maßgebliche Fakten. Die Nebenwirkungen und die Funktionsweise eines Medikaments.

Es ist wie die Methoden und Konzepte, die gegen Angst angewendet werden. Medikamente behandeln nur **Symptome** einer Krankheit, nie die Ursache. Sind es Kopfschmerzen, gegen die wir eine Tablette schlucken, wird vielleicht das Blut verdünnt. Die Kopfschmerzen verschwinden, aber war „zu dickes" Blut doch nicht die Ursache.

Bakterielle Infektionen werden mit Antibiotika behandelt, die sowohl die Erregerbakterien als auch körpereigene Zellen angreifen.

Was folgt sind noch zusätzliche Symptome, die durch die Medikamente verursacht werden. Diese werden wiederum mit neuen Medikamenten behandelt. Eine Abfolge, die ein Opfer fordert.

Unser Körper wird mit Unmengen an Stoffen belastet, die für ihn unnatürlich sind. Als Antwort erhält der Mensch dann eine neue Krankheit: Beispielsweise eine Organschädigung.

Eine Schädigung unserer lebenswichtigen Organe führt unweigerlich zur unnötigen Verkürzung von Lebenszeit und vielleicht sogar zum Tod. Nicht zuletzt setzt bei jeder neuen Erkrankung die gleiche, eben beschriebene, Wirkungskette wieder ein.

Was passiert mit Menschen, die Beschwerden und Krankheiten dagegen eher „mit sich selbst" ausmachen?

Diese Menschen „fressen" Probleme und Krankheiten in sich rein. Hier treten zu den bereits erkannten Wirkketten zusätzlich noch psychische Belastungen auf. Solche inneren, sprichwörtlichen Belastungen wirken wiederum irgendwann nach außen, also auf den Körper. Grund hierfür ist, dass unser natürlicher Energiefluss gestört, oder sogar blockiert wird. Wir haben gesehen, was Chi bewirken kann, wenn es **lebendig** wirken kann. Wird es blockiert und gehemmt folgen Konsequenzen, die entgegen dem Leben wirken.

Wir werden sprichwörtliche **geistes-krank**.

Gehen wir nochmal zurück zum Stress und betrachten die Konsequenzen. Ein hohes Maß an Stress wird uns am Ende zu einer Geisteskrankheit führen: Burnout.

Diese ernstzunehmende und reale Krankheit wird allerdings leider durch das allgemeine Krankheitsbewusstsein „entwertet". Oft gibt es Stimmen, die behaupten es gäbe „sowas" nicht. Ursächlich für diese Skepsis sind die Menschen, die ihre Krankheit zum Lebensinhalt machen. Schon bei leichter Überforderung mit etwas Stress **diagnostiziert** man sich „Burnout". Die Verantwortung wird damit an eine Krankheit abgegeben. So machen sich einige das Leben leichter und rechtfertigen ihr frühzeitiges Aufgeben. Man könnte auch sagen, sie belügen sich damit selbst. Folglich wird aber dann an den echten Betroffenen immer öfter gezweifelt. Sie haben sich durch jahrelange, seelische Last und viel Stress energetisch ausgelaugt, sind **ausgebrannt**. In extremen Fällen ist Burnout auch ein Vorbote einer noch gravierenderen Erkrankung: Depression.

Depressive Menschen befinden sich in sehr gefährlichem, geistigem Fahrwasser. Ihre Gedanken sind fast ausschließlich negativer Art. Wie sich das auswirken muss, haben wir schon zu Beginn ergründet. Bei Depressiven liegt daher auch eine erhöhte Selbstmordgefährdung vor. Sie sehen wenig, bis keinen Sinn in ihrem Leben. Der bekannte Schauspieler Jim Carrey hat es in einem Interview sehr treffen zusammengefasst. Sinngemäß antwortete er auf eine Frage:

The word depression means deep-rest. Your body needs to be depressed. It needs deep-rest from the character that you've been trying to play.	Das Word Depression bedeutet tiefe Ruhe. Dein Körper braucht tiefe Ruhe, von dem Charakter, den du versucht hast zu spielen.
Depression is your body saying: Fuck you! I don't wanna be this character anymore. I don't wanna hold up this avatar that you've created in a world that's too much for me.	Depression heißt dein Körper sagt dir: Fick dich! Ich will dieser Charakter nicht mehr sein. Ich will diesen Avatar nicht länger aufrechterhalten, den du erschaffen hast in einer Welt, die mir zu viel ist.

Gerade deshalb sollte man sich nicht leichtfertig selbst, oder durch andere diagnostizieren und eine Kette in Gang setzen, an dessen Ende die echte Krankheit steht. Erkrankungen der Psyche sind noch schwerwiegender als körperliche und können sogar den Körper schädigen. Unser Körper folgt unserem Geist.

Uns sind sehr viele Menschen begegnet, bei denen sich als Ursache ihrer „Krankheit" ein geistiges, seelisches Problem herausstellte.

Hierzu gibt uns Si-Jo Klaus Hass einen mitreißenden und tiefen Einblick in seine persönlichen Erfahrungen:

Es begann ganz merkwürdig. Eines Tages bekam ich Probleme, mein Gleichgewicht zu halten. Unter der spöttischen Bemerkung meiner Frau: „Wirst du langsam alt?", fing ich an, mich beim Schuhe anziehen zu setzen. Ihre Bemerkung machte mich sauer, aber heute verstehe ich es besser. Sie kannte mich ja nur als gut trainierten Kampfsportler, der auf einem Bein sicherer stand als die meisten anderen Menschen auf zwei. Ihr Spott war reine Unsicherheit. Da ich bisher immer der große Beschützer war, spürte sie instinktiv die Gefahr und wollte mich mobilisieren, sofort dagegen anzukämpfen. Es wurde jedoch immer schlimmer. Ich fiel sogar manchmal einfach hin. Ich durchlief einen Untersuchungsparcours, der sich über Jahre hinweg zog. Während einige Ärzte mich zu einer sofortigen OP im Halswirbel-Bereich überreden wollten, rieten mir andere im Gegenzug davon ab. Wieder andere hielten mich für einen Simulanten. Hauptsächlich natürlich die Ärzte, die von Versicherungen bezahlt wurden. Welch ein Zufall.
Ich fand mich damit ab, dass ich momentan außer etwas Gymnastik und ein paar Formen, nicht viel mehr machen konnte. Das nagte schlimm an meiner Psyche. War ich früher der

stolze Kämpfer, der täglich einige Stunden trainierte, oder unterrichtete, saß ich jetzt ohne wirkliche Aufgabe da. Wie schlimm das wirklich war, kann nur jemand verstehen, der mich kennt. Meine Schüler sagten immer: „Si-Fu, Wir leben mit dem Wing Chun, aber du lebst dafür." Ich denke, dieser Satz sagt alles.

Durch eine glückliche Fügung wurde ich durch einige meiner Schüler animiert, mein Wissen und meine Gedanken aufzuschreiben. Was schließlich dazu führte, dass das Schreiben meine neue Passion wurde.

Gleichzeitig entwickelte ich das neue Tao Chi System, was Marc und ich zusammen noch perfektioniert haben. Durch die Unterweisung meiner Schüler darin, änderte sich für die meisten ihr komplettes Leben. Sie lebten zufriedener.

Trainings, aber auch berufliche und private positive Entwicklungen stellten sich dadurch fast wie von selbst ein. Ich war stolz auf sie und meine Psyche wurde dadurch wieder stärker.

Doch eines Tages kam der nächste Schock. Nach gründlicher Untersuchung wurde bei mir Multiple Sklerose im bereits fortgeschrittenen Stadium festgestellt.

Von den schweren Medikamenten bekam ich jedes Mal schlimmes Fieber. Als ich die erste Spritze erhalten hatte, bekam ich einige Stunden später einen starken Schüttelfrost, der sogar von Krämpfen begleitet wurde. Mein ganzer Körper stand wie unter Strom. Panik überfiel mich und ich dachte „Das war es wohl.", denn ich war zu keiner kontrollierten Bewegung mehr fähig.

In meiner höchsten Not setzte plötzlich die sogenannte Chi-Atmung bei mir ein und die Krämpfe verschwanden genauso schnell wie sie gekommen waren.

Es war ein irres Gefühl, diese beruhigende Energie durch meinen Körper fließen zu spüren. Ich hatte zwar immer noch Fieber, aber nicht mehr so stark, jedenfalls verspürte ich keine Panik mehr und ging zu Bett.

Nun hatte sogar dieser Vorfall etwas Positives, hatte ich doch soeben die nächste Stufe des Chi entdeckt. Bisher konnte ich nur über eine von mir entwickelte Form die Energie fließen lassen. Jetzt war ich in der Lage die Energie zu nutzen, ohne eine Bewegung ausführen zu müssen. Am nächsten Morgen war alles ausgestanden. Sofort machte ich mich daran, ruhig in einem Sessel sitzend zu erforschen, wie und wodurch ich es erreicht hatte.

Mit der Zeit lernte ich, viele Dinge klarer zu sehen.

Während ich früher hektisch von einem Termin zum anderen hastete, nahm ich mir nun die Zeit, die Natur zu beobachten. Ich genoss es, mit meiner Frau und unseren Hunden spazieren zu *gehen und entdeckte meine Welt auf eine sehr harmonische Weise neu. Ich spielte mit den Hunden, genoss in Ruhe ein Glas Wein und hatte sogar Lust auf ausgedehnte, völlig belanglose Gespräche mit den Nachbarn, die sich früher nur auf ein kurzes „Tag auch" begrenzt hatten.*

Eine schöne Erfahrung war auch, dass viele meiner Schüler sich noch meiner erinnerten und sogar die bereits sehr Erfolgreichen noch immer meinen Rat suchten. Was will ein Mensch denn mehr? Eine Frau, die dich wirklich liebt. Hunde, für die du wirklich Zeit hast und mit denen du spielen kannst. Freunde, die immer für dich da sind, gute Nachbarn und treue Schüler.

Ich fahre zwar keine teuren Autos mehr und mache auch keine großen Reisen, aber dennoch fühle ich mich reicher und glücklicher als jemals zuvor.

So, Krankheit, jetzt versuch mal mich zu besiegen, ich sage es dir aber jetzt schon, du wirst es nicht schaffen. Ich werde dich bekämpfen, weil ich noch lange so glücklich weiterleben will. Ich war schon immer bei all meinen Kämpfen ein zäher Gegner, aber noch niemals stand ein so großer Wille zum Sieg dahinter.

Bis heute, als ich diese Zeilen schreibe, erfreut sich Si-Jo Klaus bester Gesundheit und Fitness.

Er hat sich nicht von einer **Diagnose** beeinflussen lassen und einen Weg zum Sieg über seine Krankheit gefunden. Seither unterstützt er auch andere Menschen zum Sieg über ihre „Krankheiten".

Wie verhält es sich aber mit Menschen, die schon ihre Hoffnung aufgegeben haben?

Solche Menschen geben sich voll und ganz ihrer Krankheit hin.

Sie nehmen sie als gegeben an und genießen sogar die zusätzliche Aufmerksamkeit. Genauso, wie bei den Kindern aus unserem Beispiel weiter vorn.

Sie lassen sich gerne pflegen und umsorgen. In ihrem Bewusstsein ist krank sein die neue Normalität.

Alles, was ihre Lage verbessern könnte, wird kategorisch abgelehnt mit:

„Das funktioniert sowieso nicht!"

„Bei dir ging es vielleicht, aber bei mir klappt es sicher nicht!"

„Ach daran glaube ich nicht!" und

„Mein Arzt hat gesagt, ich bin unheilbar krank!".

Der Mythos der Unheilbarkeit entsteht nur aus unserem Autoritätsverständnis. Wir **glauben** andere haben uns gegenüber eine Entscheidungsautorität.

Mit dem Wissen um Gedanken, Bilder und Emotionen stellen wir uns doch eine einfache Frage:

Existiert die unheilbare Krankheit oder wird sie real, weil ein anderer uns das Bild davon in den Kopf gesetzt hat und wir es ausmalen?

Kurz gesagt: Ist es so? Oder ist es so, weil ich **denke**, dass es so ist?

Haben sich Menschen dennoch mit „ihrem Schicksal" abgefunden, steht die letzte Konsequenz unausweichlich bevor. Der Tod.

Gerade bei kranken, oder auch durch Unfälle schwer verletzten Menschen kann sich das Ableben über eine gewisse Zeit hinziehen. Dabei entstehen zusätzlich den Angehörigen große emotionale Belastungen. Sie sehen ihr geistiges Bild einer intakten Familie, eines Partners, eines Kindes, der Eltern, oder ähnliches gestört. Über viele Jahre hat man sich an eine Person gebunden und nun wird diese Verbindung aufgelöst. Es ist folglich schwierig mit Mitmenschen im Lebensabend umzugehen.

Betrachten wir noch ein kleines Beispiel mit zwei Gesprächsvarianten:

Wir besuchen einen im Sterben liegenden, geliebten Menschen im Krankenhaus.

> 1. *Ich klopfe zaghaft an und trete mit trauernder Miene ein. „Wie geht's dir denn?" frage ich.*

> *„Schon viel besser!" kommt zurück.*
>
> *Ich beginne zu erzählen, wie sehr der Geliebte zu Hause fehlt und wie sehr er vermisst wird. Ich bekomme sogar Tränen in den Augen. Der Kranke versucht daraufhin aufmunternd zu wirken. So geht es eine Weile hin und her, bis ich schließlich gehen muss. Unter Tränen verlasse ich das Zimmer.*

Was haben wir damit erreicht?

Der Kranke wird nun zusätzlich zu seinem Leid auch noch Schuldgefühle erfahren, denn wir haben den eigenen emotionalen Ballast noch bei ihm „abgeladen". Er fühlt sich, als sei er dafür verantwortlich. Wahrscheinlich haben wir ihn sogar verärgert. In einem solchen Zustand zu fragen „Wie geht's dir?" würden einige als anmaßend auffassen.

Insgesamt haben wir so also nur die Situation verschlimmert.

Anders könnte es so aussehen:

> 2. *Ich klopfe normal an und trete zügig ein. Mit einem leichten Lächeln begrüße ich meinen Lieben. „Hallo, ich freue mich dich zu sehen!".*
>
> *Im Gespräch erzähle ich dann über alltägliche Dinge und Ereignisse, die den Kranken sicher interessieren.*

Spricht er über etwas, höre ich interessiert zu. Bestenfalls nehme ich dabei Körperkontakt auf und halte vielleicht eine Hand.

Zur Verabschiedung füge ich „Morgen bringe ich dir etwas Schönes mit!" hinzu.

Ich verlasse gefasst das Zimmer und widme mich meinen Gefühlen erst außer Hörweite.

So haben wir dem Kranken Unterstützung und Beistand gezeigt. Er weiß, dass er uns nicht „zur Last fällt" und „alles läuft".

Zudem haben wir ihn geschickt motiviert, sich auf den morgigen Besuch zu freuen.

Praktisch ein geringer Unterschied der Varianten. Mental jedoch mit völlig verschiedenen Wirkungen.

An dieser Stelle greifen wir nochmal kurz zurück auf unsere Tierbeispiele. Den Schlangen wird das eigene schlimme Schicksal deutlich mehr zu schaffen machen als das ihres Partners. Die Löwen tragen beides eher gefasst. Bären dagegen tun sich schwerer mit dem Verlust des anderen.

Viele Menschen brauchen emotionalen Beistand kurz vor dem Ende. Der Tod hat oft etwas Furchterregendes. Erstaunlich, dass uns selbst hier wieder eine Verwechslung von Angst und Furcht unterläuft.

Der Tod ist furchterregend, ja. Der Moment der **Furcht** ist allerdings nur für eine sehr kurze Zeit direkt vor dem Ableben präsent, wenn überhaupt.

Was uns deutlich mehr beschäftigt, ist die **Angst** vor dem Tod. Wir reden uns gerne ein, dass uns die Art des Todes mental zu schaffen macht. In Wirklichkeit setzt im Angesicht des Todes eine starke Verlustangst ein. Sobald wir sterben, geht alles verloren. Unsere gedanklichen Bilder und unser über die Zeit angehäufter Besitz stehen auf dem Spiel. Sehen wir uns diesem massiven Verlust gegenüber setzt die Angst ein. Genau betrachtet passiert das eigentlich schon viel früher. Über das ganze Leben hinweg meiden wir die Auseinandersetzung mit dem Tod, durch die eben erkannte Angst.

Haben wir uns jemals überlegt, was der Tod eigentlich bedeutet?

Können wir überhaupt „sterben"?

Das, was wir als Tod bezeichnen, ist das Ende unserer Organfunktionen. Der Körper in dem wir leben stirbt und vergeht. Er hört auf zu existieren.

Sind wir aber unser Körper?

Wie wir beim Tao und Chi festgestellt haben, sind unsere Körper praktisch manifestierte Energie. Was diesem Körper Leben verleiht, ist unser Geist, unsere Seele, die ebenfalls aus

Energie besteht.

Zusammen mit dem Hermetischen Gesetz der Schwingung heißt das, beim Tod verändert sich unser Schwingungszustand.

Mit anderen Worten: Wir „sterben" nicht. Wir verändern uns.

Lediglich unser Körper hört auf zu existieren.

Die Hermetischen Gesetze geben uns noch einen weiteren Hinweis für unsere Existenz nach dem „Tod", wie wir ihn verstehen:

Zusammen haben wir erkannt, wie unterschiedlich Menschen sein können. Das bedeutet wir sind nicht alle gleich. Dagegen teilen wir dieselben Sorgen, dieselben Ängste und dieselben Belastungen. Wir alle leben von derselben Energie, die uns umgibt und wir alle sind selbst Energie.

Damit sind wir Teil eines Ganzen.

Wir sind alle **Eins** im Geiste, denn **All** is Mind.

10 *Was Bleibt?*

Wir bedienen uns in unserer Lehre verschiedenen Übungsformen. Sie ermöglichen es, das Üben und Trainieren speziell an den Anwender anzupassen. So lassen sich die Theorien von Taoismus, Yin & Yang, Wu Wei und des Chi fast schon spielerisch entdecken. Dabei haben wir nicht den Ansatz bereits vorhandene Kenntnisse und Fähigkeiten zu ersetzen, sondern in der Anwendung die jeweilige Persönlichkeit weiterzu*entwickeln*. Das heißt, egal was der Ausgangspunkt sein mag, unsere Lehre hilft dabei, die nächste Stufe zu erreichen. Einfach ausgedrückt ließe es sich so formulieren: Wir wollen nicht das Rad neu erfinden, sondern erreichen, dass sich deins besser dreht.

Wir nutzen dafür Teile aus alten, chinesische Übungsformen für die körperliche Praxis. Im Hinblick auf die geistige Weiterentwicklung und besonders während Lehrgängen in Thailand mit Si-Jo Klaus profitieren unsere Schüler auch von Traumreisen, Rollenspielen und besonderen Entspannungsübungen.

Zusätzlich zu diesen Ansätzen der persönlichen Weiterentwicklung kommt der wichtigste Teil unserer Lehre. Die Selbsterkenntnis. Bereits bei unseren Entdeckungen der Ähnlichkeit von Mensch und Tier haben wir Ansätze gegeben sich selbst und seine Umwelt besser zu verstehen. Wir verhelfen als Mentoren unseren Schülern sich selbst zu erkennen und später auch diese Kenntnisse auf andere anwenden zu können.

Je weiter wir vorankommen, desto tiefer steigen wir bei speziellen Seminaren in die einzelnen Themen ein. Sind beispielsweise schon harmonische Zusammenspiele zwischen Körper und Geist mittels Formen und Partnerübungen entstanden, so vertiefen wir das Verständnis für den Fluss der Energie. Das geht bis hin zur Anwendung **ohne** eine Bewegung abzurufen.

Wir haben zu Beginn den Begriff der Meditation gewissermaßen in Frage gestellt. Das Verständnis zum Meditieren beruht bei den meisten ausschließlich auf den erlernten Methoden, die wir entdeckt haben. Wahre Meditation kann stattfinden, wenn wir uns so weit entwickelt haben, dass Körper, Geist und Energie harmonisch zusammenspielen. Das Erlebnis einer solchen Meditation ist weitaus größer und erreicht nachhaltige Auswirkungen für uns als eine „Meditation" nach Methode. Dazu kommt noch die Vielzahl an Belastungen, die wir zusammen ergründet haben. Unter derartigem Stress und der resultierenden Unruhe lassen sich selbst methodische Arten von Meditation nur bedingt umsetzen.

Wir lehren deshalb zuerst die Grundlagen und steigern uns dann in den Übungen. Es ist wie das Laufen lernen. Zuerst steht das Gehen, dann das Laufen und schließlich können wir lernen zu rennen. Unsere Seminare, sowie unser Unterricht geben daher Ansätze für Erkundungen und Übertragungen des neuen Wissens in den Alltag. Dadurch lässt sich eine stetige Weiterentwicklung erreichen.

EasyKungFu wird deshalb zum EasyKungFu, weil es dem Anwender hilft den **passenden** Schlüssel für seine Schatzkammer zu finden. Ist er gefunden, wird das Öffnen **einfach**. Mehr noch, es wird dann vieles einfach, denn es ist wie beim Wasser. Unsere Lehre kann jede beliebige Form annehmen, ohne selbst eine festgelegte Form zu haben. Es ist die Anpassung an die Gegebenheiten, die es einfach werden lässt. Jeder Mensch hat diese Fähigkeiten. Wir müssen nur noch lernen, wie wir diese Fähigkeiten für uns nutzen können.

Vertrauen und das eigene Erleben schaffen Lust, Spaß und Freude an der eigenen Weiterentwicklung.

Ein freudvolles und zufriedenes Leben ergibt sich, wie wir gesehen haben nicht zwangsläufig aus Geld, Macht und dem was wir als Erfolg bezeichnen. Harmonie zwischen Körper, Geist und Energie zu erlangen ist eine elementare Grundlage, um mit den Schätzen des Lebens richtig umgehen zu können.

Der größte Schatz im Leben eines Menschen ist die eigene Gesundheit. Sie können wir erheblich durch unseren Umgang mit Energie beeinflussen.

Nehmen wir Energie in Form von Chi in uns auf, oder geben es ab, geschieht das entlang von Energielaufbahnen. Die sogenannten Meridiane funktionieren ähnlich unserem Blutkreislauf, nur mit Chi anstelle des Blutes.

Nach alter chinesischer Medizinlehre werden noch bis heute diese Energiemeridiane mit in Betracht gezogen, wenn es um Krankheiten geht. Oftmals sind blockierte Energiebahnen die Ursache, wenn sich körperliche Gebrechen zeigen, oder eine große seelische Last vorliegt. Blockaden entstehen maßgeblich durch Verspannungen. Sie schnüren die Meridiane praktisch ab. Den freien Fluss von Energie lassen nur offene, entspannte Laufbahnen zu. Wir haben deshalb eben schon gesehen, dass tiefe Entspannung notwendig ist, um sich des Chi zu bedienen. Deshalb üben wir den Umgang mit Energie zunächst mit den Techniken des Wing Chun. Zusammen mit zusätzlichen Übungen zur Atmung und besonderen Entspannungstechniken lässt sich Chi sogar für Selbstheilungsprozesse nutzen.

Damit wird aus aus dem Zusammenspiel von Körper, Geist und Energie eine Kampfkunst, aus ihr wird EasyKungFu und EasyKungFu wird zu einer Lebensweise.

11   Nachwort

Auf den vorstehenden Seiten sind wir tief in die Belange unseres Alltags eingestiegen. Dennoch haben wir bei weitem nicht alles und auch nicht alle einzelnen Aspekte betrachtet. Es existieren noch so viel mehr merkwürdige, faszinierende und wundersame Dinge auf unserer Erde. Damit ließen sich noch viele Bücher füllen.

Was dieses Werk dir bieten soll, sind Denkanstöße. Nimm die Erkenntnisse, die wir hier gewonnen haben, nicht als gegeben hin. Überprüfe selbst, was wir zusammen festgestellt haben.

Die Einsichten, die ich mit dir geteilt habe, erhielt ich alle Stück um Stück, nachdem ich das Wing Chun Tao Chi für mich entdeckte und zur Anwendung brachte. Diese Lebensart hat mich auf eine andere Ebene gebracht. Ich bin mir sicher, dass das auch für dich geschieht. Du musst lediglich den nächsten Schritt tun. Lasse also nicht alles beim Alten, sondern lass uns die nächste Ebene erreichen.

Zum Abschluss möchte ich dir empfehlen, dieses Buch in ein paar Monaten noch einmal zu lesen. Sehr wahrscheinlich wirst du einige meiner versteckten Botschaften neu entdecken. Denn es wird dann ein anderer Mensch diese Zeilen lesen.

Mein Dank geht an dieser Stelle an alle meine Lehrer. Sowohl für positive, als auch negative Lehrstunden im Leben.

Ich möchte mit einer letzten Botschaft enden.
Es ist ein kurzes Zitat der Band „Lynyrd Skynyrd", aus ihrem Song Life's Lessons:

It's time for you to open your eyes.	Es ist an der Zeit für dich Deine Augen zu öffnen.
Will we look back And see what we've done?	Werden wir zurückschauen und sehen, was wir getan haben?
Will we be proud or ashamed, of what we've become?	Werden wir stolz, oder beschämt sein von dem, was aus uns geworden ist?
Will we realize We all share one fate?	Werden wir verstehen, dass wir alle ein Schicksal teilen?
Or is this another life's lesson Too late?	Oder ist das hier eine weitere Lehrstunde des Lebens, die zu spät kommt?

To-Dai Marc

Easykungfu.com

Easykungfu.eu

- Personal Training
- Mentoring
- Seminare & Workshops

- Wing Chun TC
- Taoistischer Selbstschutz
- Persönlichkeitsentwicklung

DIE Selbstverteidigung - Spiel auf Sieg